AF791079

Codage informatique pour les enfants

Un guide pédagogique pour apprendre les bases de Langage de programmation pour créer votre propre Des jeux tout en s'amusant

Harvey Lukes

En lisant ce document, le lecteur accepte qu'en aucun cas l'auteur ne soit responsable des pertes, directes ou indirectes, qui sont encourues suite à l'utilisation des informations contenues dans ce document, y compris, mais sans s'y limiter, les erreurs, omissions ou inexactitudes.

Table des matières

Introduction

Vous vous intéressez donc au codage et voulez apprendre à créer des logiciels et des jeux informatiques. Ou peut-être voulez-vous apprendre à coder pour pouvoir un jour devenir un hacker (non, ils ne sont pas mauvais). Dans les deux cas, vous avez fait le premier pas dans votre parcours pour devenir un programmeur en vous procurant ce livre ! Génial !

Programmer ne consiste pas seulement à écrire du code ennuyeux tous les jours. Elle implique de la créativité et un amour pour la résolution de puzzles. Elle peut être utilisée pour créer de l'art, concevoir des sites web, développer des jeux, construire des simulations graphiques, raconter des histoires et envoyer des vaisseaux dans l'espace. Il y en a pour tous les goûts !

Pouvoir coder ouvre tout un univers de possibilités, et ce livre est là pour vous guider et vous donner les outils dont vous avez besoin pour réaliser vos rêves. Tout au long de ces pages, vous apprendrez quelque chose de nouveau que vous pourrez partager avec vos amis, votre famille et les communautés de codeurs en ligne du monde entier. C'est comme si vous entriez dans un club spécial.

Ce qui est tout aussi important, et probablement le plus important, c'est que vous serez enfin capable de comprendre toutes les blagues sur la technologie que vous entendez dans les films. Par exemple, savez-vous ce qui s'est passé quand la femme du programmeur l'a envoyé à l'épicerie ? Elle lui a dit d'acheter un pain, et s'ils avaient aussi des œufs, d'en acheter une douzaine. Le site

1

Le programmeur est allé au magasin, en faisant ce qu'on lui avait dit, et il est revenu avec une douzaine de pains et il a dit à sa femme : "Oui, ils avaient des œufs". Vous ne comprenez pas ? Alors, il faut que tu apprennes à coder !

À propos du livre

L'intérêt pour l'apprentissage de la technologie et de la programmation est plus élevé que jamais, mais peu d'écoles ont commencé à enseigner aux enfants des cours de codage. La plupart des enfants doivent trouver un camp pour jeunes programmeurs ou aller prendre des cours particuliers. Mais vous n'êtes pas obligés de le faire maintenant, car vous avez ce livre pour vous guider et vous apprendre les méthodes du programmeur.

Computer Coding for Kids vous donnera tous les outils de base et vous enseignera les bases nécessaires pour devenir un programmeur. Tout ce que tu apprendras dans ce livre peut être appliqué dans le monde réel, quel que soit le langage de programmation sur lequel tu choisiras plus tard de te concentrer. Voici un aperçu de ce que vous allez explorer :

1. Les **fondamentaux de la programmation** : La plupart des langages de programmation sont construits sur les mêmes principes. Cela signifie que si vous apprenez les concepts de base du codage, tels que les boucles, les conditionnels et les fonctions, vous saurez comment les utiliser, que vous codiez en Python, JavaScript ou C++. La maîtrise des fondamentaux est la partie la plus importante de la programmation, même si elle peut parfois sembler ennuyeuse car elle implique beaucoup de théorie. Mais en construisant une base solide, vous serez capable de faire tout ce que vous voulez. Vous pouvez devenir un

développeur de jeux, un spécialiste de la cybersécurité, un ingénieur logiciel, un spécialiste des données, et bien d'autres choses encore.

2. **Grattez** : C'est l'un des outils d'apprentissage de la programmation les plus populaires développés au MIT. C'est un début idéal pour de nombreux jeunes enfants qui veulent apprendre le codage par eux-mêmes ou avec l'aide de leurs parents et de leurs éducateurs. Au lieu de se concentrer sur l'écriture de lignes de code complexes, Scratch implique l'utilisation de blocs de langage. C'est un peu comme jouer avec des briques LEGO et utiliser sa créativité pour construire quelque chose. De cette façon, Scratch permet aux enfants de développer une façon logique de penser et de résoudre des problèmes, deux compétences essentielles en matière de programmation. En outre, Scratch dispose également d'une communauté en ligne qui peut vous apprendre à travailler avec les autres.
1. **JavaScript** : Vous aurez également un aperçu de JavaScript, qui est un langage utilisé pour développer des applications en ligne et des sites web. Aujourd'hui, ce langage vous permet de vous lancer

beaucoup plus facilement qu'auparavant car il vous permet également de travailler avec des blocs préformés, tout comme le Scratch. Mais vous pouvez aussi passer en mode texte et écrire les lignes
de coder vous-même une fois que vous êtes plus familier avec les concepts de programmation.

2. **Python** : Sans doute l'un des langages les plus polyvalents et les plus puissants, Python est aussi l'un des plus faciles à apprendre. Python est utilisé pour beaucoup de choses, y compris le développement de logiciels, de jeux, la robotique, la science des données, l'apprentissage machine, et bien plus encore. La raison de sa popularité n'est pas seulement parce qu'il peut faire pratiquement n'importe quoi, mais parce que la syntaxe de son langage est simple. Le python est l'un des rares langages qui est très proche de l'anglais. Il est donc facile à comprendre simplement en apprenant les concepts et les techniques de base de la programmation.
3. **Autres langues** : En plus des langages de programmation ci-dessus, vous serez également initié à d'autres langages comme Java et C#.

Exigences

Apprendre à coder et à créer des logiciels n'est pas sorcier, mais vous devez néanmoins remplir un certain nombre d'exigences avant de vous lancer. Voici donc ce dont vous aurez besoin :

- Ce guide de programmation pratique. Vous êtes déjà en train de le lire, donc c'est déjà en dehors de la liste de contrôle.

  Gardez le livre à portée de main à tout moment et revisitez les choses dont vous ne vous souvenez pas ou que vous ne comprenez pas entièrement. Ne vous inquiétez pas si vous ne comprenez pas parfaitement les choses. La programmation s'apprend par la pratique, et pas seulement par la lecture de livres.
- Un ordinateur avec une connexion Internet. Vous l'avez probablement déjà, car il est assez difficile de commencer à coder sans ordinateur. De plus, vous devez télécharger certains outils et faire des recherches supplémentaires ou rejoindre des communautés de programmeurs.
- Les bases de l'informatique. Pour apprendre à programmer, il faut d'abord être capable d'utiliser un ordinateur au moins à un niveau de base. Cela signifie que vous avez déjà joué à des jeux informatiques, utilisé des applications

et que vous savez comment vous orienter dans une interface utilisateur.

- Tolérer les mathématiques. De nombreux concepts de programmation proviennent en fait des mathématiques. Après tout, vous devrez effectuer quelques opérations mathématiques, des opérations logiques ou simplement travailler avec des nombres en général. Vous n'êtes pas obligé d'aimer les mathématiques, mais vous devez être prêt à en apprendre. Ne vous inquiétez pas si vous pensez que vous êtes mauvais dans ce domaine, car beaucoup de programmeurs débutants trouvent en fait qu'il est beaucoup plus facile d'apprendre les mathématiques en codant des exemples que par un professeur qui essaie de leur enfoncer les maths dans le cerveau.
- Le souci du détail. La programmation consiste à résoudre des problèmes. Cela signifie que vous devez être capable de vous concentrer sur le problème et être suffisamment patient pour tester toutes vos idées. Lorsque quelque chose ne fonctionne pas, c'est généralement à cause d'une simple erreur qui aurait pu être évitée, comme une faute d'orthographe sur un mot-clé ou l'oubli de fermer une parenthèse.

Il faut avant tout être motivé et s'amuser !

Apprendre à coder ne doit pas être un processus long et ennuyeux. Il peut être amusant et passionnant ! Programmer implique beaucoup de créativité, alors utilisez la vôtre et trouvez ce qui vous amuse. Certains trouvent qu'il est amusant de créer des jeux. Après tout, il est satisfaisant de voir un personnage bouger et tirer sur un monstre après avoir écrit du code pendant quelques heures. Cette dose de plaisir est votre récompense. D'autres adorent résoudre des énigmes, alors la correction des erreurs et des bugs leur donnera un frisson comme rien d'autre.

La programmation a quelque chose pour tout le monde, alors commençons !

Chapitre 1 : Se préparer

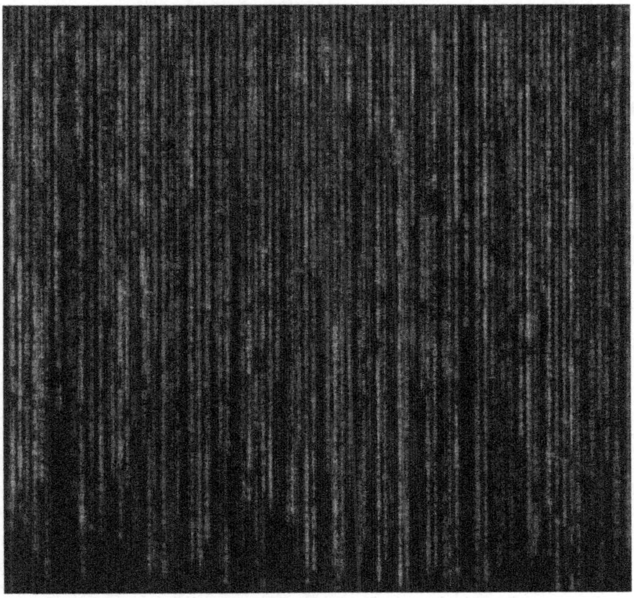

Pour l'instant, la seule chose dont vous êtes probablement sûr, c'est que les langages de programmation sont utilisés pour créer des applications et des jeux. Mais comment cela fonctionne-t-il ? Que signifie réellement coder quelque chose ?

Mettons d'abord quelques roues d'entraînement sur nos vélos et apprenons ce qu'est la programmation, avant de développer le prochain Minecraft.

Qu'est-ce que cela signifie de coder ?

Le codage, ou la programmation, signifie simplement que nous écrivons un ensemble de commandes pour dire à l'ordinateur ce qu'il doit faire. Les ordinateurs ne sont pas comme les gens. Ils ne parlent pas comme nous. Ils ont leur propre langage, mais il est très difficile pour nous de l'utiliser. Ce langage est connu sous le nom de code machine. Les ordinateurs communiquent en binaire (en 1 et 0) et bien que nous puissions également apprendre ce langage, il est incroyablement fastidieux pour nous de travailler avec, sans parler de l'ennui et de la facilité à se tromper. C'est pourquoi nous utilisons des langages de programmation comme Python et C++. Ces langages sont plus proches de l'anglais et beaucoup plus faciles à comprendre et à utiliser. Mais l'ordinateur ne comprend pas encore tout à fait ces langages. Ils doivent être traduits en code machine, et c'est à cela que servent les interprètes, les compilateurs de code et les assembleurs.

En d'autres termes, coder signifie simplement parler à des machines. C'est comme apprendre une deuxième langue, comme l'allemand ou l'italien, pour que d'autres personnes qui ne parlent pas anglais puissent vous comprendre.

La programmation est-elle difficile à apprendre ?

C'est probablement l'une des premières questions qui vous viennent à l'esprit, et la réponse est simplement non. Tout le monde peut apprendre à coder. C'est pourquoi de plus en plus d'écoles commencent à donner des cours de programmation à des enfants de 8 ans seulement ! Il n'est pas nécessaire d'avoir des talents particuliers pour cela. C'est comme apprendre à faire du vélo. Vous montez, vous vacillez un peu, vous utilisez peut-être des roues d'entraînement, et avant que vous ne vous en rendiez compte, vous faites du VTT !

Les langages de programmation modernes comme Python sont conçus pour nous plus que pour les ordinateurs. Vous pouvez probablement déjà comprendre le code écrit en Python car la plupart de ses mots clés sont des mots anglais simples. Le code ne ressemble pas à celui de Matrix ou d'autres films où l'on voit de longues rangées de code remplies d'étranges séquences de chiffres, de lettres et de symboles. Il ressemble juste à ceci : print ("I love coding !")

Ça n'a plus l'air si excitant, n'est-ce pas ? C'est parce que la programmation n'est qu'un moyen pour nous de parler à l'ordinateur. Mais ça ne veut pas dire qu'on ne peut rien faire de cool. En fait, vous pouvez apprendre à créer des jeux et des applications sympas assez tôt. Vous n'avez pas à attendre de maîtriser un langage.

La programmation est-elle si importante ?

Pour répondre à cette question, il suffit de regarder autour de vous. Combien de gadgets et d'appareils électroniques avez-vous chez vous ? Il y a de fortes chances que vous ayez un ordinateur, un smartphone, et peut-être même une tablette. À quoi d'autre pouvez-vous penser ? Avez-vous une machine à laver et un réfrigérateur ? Votre maison est-elle équipée d'un thermostat qui contrôle automatiquement la température de votre maison ? Tous ces objets ont été programmés par quelqu'un pour faire les choses qu'il fait.

Donc, pour répondre à votre question, oui, la programmation est en train de devenir l'équivalent de ce que la lecture et l'écriture étaient il y a des centaines d'années. Elle devient une compétence nécessaire qui peut presque vous garantir un bon emploi, ou au moins entraîner votre esprit à être vif. Il vaut mieux apprendre dès le plus jeune âge que d'apprendre en vieillissant, car pour l'instant, votre cerveau est comme une éponge. Les langages de programmation sont presque comme des langages normaux et ils sont beaucoup plus faciles à absorber au début. Il suffit de penser aux personnes âgées qui sont constamment aux prises avec des smartphones et d'autres technologies, alors que pour vous, il est naturel de les utiliser. Ils vous demandent probablement déjà de les aider.

Quelles sont les meilleures langues ?

C'est probablement votre prochaine grande question. Chaque débutant passe beaucoup trop de temps à se demander quelle est la meilleure langue. Cela n'existe pas. Toutes les langues sont utiles dans divers domaines et pour certains types de projets. Cela dépend de la préférence du programmeur et de la nature de l'application. Le meilleur langage est celui que vous connaissez le mieux.

Une fois que vous aurez appris un langage, quel qu'il soit, ainsi que les concepts de base de la programmation, vous serez capable d'apprendre d'autres langues en un rien de temps. Beaucoup d'entre eux sont très similaires, mais d'autres ne sont utilisés que dans des domaines spécifiques, comme le développement de sites web. Passons donc en revue certains d'entre eux pour vous donner une idée de ce qui existe.

Langage de balisage hypertexte (HTML)

C'est la langue qui est à la base de tous les sites web. C'est probablement la plus facile à apprendre. Son but est de nous permettre de naviguer sur Internet en utilisant des liens web, aussi appelés hyperliens, afin de trouver toutes les pages qui nous intéressent. La raison pour laquelle il est appelé "hyper" est que vous n'avez pas à faire quoi que ce soit dans un certain ordre. Il vous suffit de cliquer sur un lien et il vous emmène dans un coin éloigné de l'Internet.

Mais ce langage est un langage de **balisage.** Ne dites à aucun programmeur que vous êtes un programmeur HTML, sinon vous allez les rendre fous. Oui, c'est un langage qui implique l'écriture d'un certain code, mais ce n'est pas vraiment de la programmation.

Le HTML fonctionne en marquant les données avec des balises. Ces balises décrivent à quoi servent les informations et où elles vont sur la page web. Votre navigateur, comme Firefox ou Chrome, lit les balises et comprend où tout chercher, comme les paragraphes de texte, les images et les titres. Le HTML parle simplement au navigateur et lui indique comment la page fonctionne. Mais rien de tout cela n'est de la programmation. Voici un exemple de code HTML :

```
<!DOCTYPE html>

<html>

<corps>

<h1> Le texte ici est le titre 1> <h4> Le

texte ici est le titre 4>

</corps>

</html>
```

Ce code ne fait que marquer le texte de sorte que le navigateur l'interprète dans les rubriques appropriées que nous voulons. Nous utilisons donc le HTML pour créer le squelette d'un site web.

En tant que langage de balisage, le HTML n'a aucune logique de programmation. En d'autres termes, nous ne pouvons pas faire un programme intelligent avec lui parce qu'il ne contient pas d'instructions conditionnelles, qu'il ne peut pas comparer des valeurs entre elles et qu'il ne peut pas traiter de mathématiques ou de tâches. Le HTML ne peut même pas comprendre ce qu'est le 2+2 parce que ce n'est pas son but.

Si vous vous intéressez à la conception ou au développement de sites web, le HTML est crucial car il forme le cadre du site. Mais à lui seul, il n'est pas suffisant. Pour créer un site web, vous avez besoin de plusieurs outils et langages, comme le CSS, qui sert à rendre le site beau avec des graphiques et des animations, et les langages de programmation actuels qui ajoutent une certaine logique, comme JavaScript ou PHP.

Feuilles de style en cascade (CSS)

Concentrez-vous sur le mot "Style". Comme nous l'avons mentionné plus haut, le HTML construit la structure d'un site web. Une structure vide est tout simplement moche à regarder. Imaginez simplement des bâtiments en béton sans peinture ni finition. Le CSS est nécessaire dans le développement web pour définir le style de la mise en page d'une page web, ses couleurs, les polices de texte, les effets spéciaux, et bien plus encore.

Pensons à un exemple. Voici un paragraphe de texte déclaré en HTML :

<p> Tout le code est beau </p>

Le "p" au début est utilisé pour marquer le début du paragraphe et le "/p" à la fin indique au navigateur que le paragraphe se termine. Mais tout ce que nous avons pour l'instant, c'est un paragraphe ennuyeux.

Donc, pour pimenter un peu les choses, nous allons appliquer un peu de code CSS, qui ressemble à ceci :

```
p { color : red ; font-weight:bold ; }
```

Dans cette ligne de code, le "p" fait référence au paragraphe, tout comme en HTML. Il est utilisé pour dire au CSS que nous voulons embellir le paragraphe. Ensuite, nous avons quelques informations à l'intérieur des accolades, ce qui s'appelle une déclaration. C'est là que nous ajoutons des propriétés comme la couleur de fond, la taille de la police, les marges et tout ce qui vous vient à l'esprit. Dans ce cas, nous rendons ce paragraphe HTML rouge au lieu du noir par défaut, et nous voulons qu'il soit en gras au lieu d'être simplement en clair.

Comme vous pouvez le voir, le HTML construit la maison, et le CSS la peint, ajoute de jolis carreaux, des fenêtres, et la rend agréable à vivre. Mais le CSS n'est pas encore un langage de programmation solide car, comme le HTML, il ne fonctionne qu'avec des informations de style et non avec la logique et le comportement. Ces deux langages sont connus dans le monde de la conception web comme des langages frontaux, car ils créent la partie visuelle d'une page ou d'une application en ligne.

JavaScript

La dernière pièce du puzzle en matière de développement web est le JavaScript (à ne pas confondre avec Java). Ce langage de programmation fonctionne avec tous les navigateurs web et il est utilisé pour ajouter des fonctionnalités à un site web. Bien que certains programmeurs se plaisent à dire que ce n'est pas encore un véritable langage de programmation, en l'appelant langage de script, ils ont partiellement tort. C'est un langage qui diffère du C++ traditionnel dont vous avez probablement entendu parler, car il fonctionne directement dans le navigateur web.

Le JavaScript est utilisé avec le HTML et le CSS pour créer des applications et des sites web en ligne car il permet au développeur de contrôler la fonctionnalité. N'oubliez pas que le HTML construit les fondations, le CSS les rend jolies en ajoutant des fenêtres et quelques couches de peinture, mais le JavaScript est nécessaire pour créer tous les éléments avec lesquels vous interagissez. Par exemple, nous l'utilisons pour créer des boutons, pour contrôler des médias comme les vidéos, et pour gérer les formulaires de mots de passe lors de la création de comptes utilisateurs.

Dans cette optique, voici quelques-unes des choses que JavaScript peut faire :

1. Créer des variables et stocker des informations à l'intérieur de celles-ci.
2. Définir les fonctions, les classes et les objets (plus d'informations à ce sujet plus tard).
3. Utilisez les modules.

4. Créer des événements qui sont déclenchés au clic.

Ce ne sont là que quelques-unes des bases, mais pour résumer, JavaScript gère toute la programmation logique, comme d'autres langages de programmation standard tels que Python. Cela signifie que vous pouvez effectuer des calculs mathématiques, ce que HTML et CSS ne peuvent pas faire, ainsi que des comparaisons et des opérations conditionnelles.

Python

Ce langage est l'un des meilleurs choix pour les programmeurs débutants, ainsi que pour ceux qui ont de l'expérience, comme les spécialistes des données. Python est rapide à apprendre, facile à utiliser, polyvalent et puissant, ce qui en fait l'une des meilleures options pour entrer dans le monde de la programmation. Certaines écoles commencent même à l'enseigner aux enfants dès l'âge de 8 ans !

L'une des principales raisons pour lesquelles il est recommandé d'utiliser Python est simplement le fait qu'il est lisible. Ce langage est aussi lisible que l'anglais parce qu'il est fondamentalement anglais. Juste à titre de comparaison, regardez la différence entre Python et un autre langage populaire appelé Java : la classe publique Main { public static void main (strings [] args) {

```
        System.out.println ("Bonjour, le monde !")
    }
}
```

Cet exemple se trouve à Java. Vous ne comprenez probablement pas grand chose, n'est-ce pas ? Tout ce que fait le programme, c'est imprimer le message "Bonjour, le monde" sur votre écran d'ordinateur. C'est beaucoup de code juste pour ça, n'est-ce pas ? En plus, c'est une bouche pleine et difficile à lire. Eh bien, voici à quoi ressemble ce même code en Python : imprimez ("Hello, world !")

Et c'est tout ! Pas besoin de mots-clés et de symboles fantaisistes qui n'ont pas beaucoup de sens pour un débutant. Vous pouvez déjà comprendre ce qui se passe, même sans aucune ou très peu de connaissances en programmation. Vous avez une commande d'impression qui fait ce qu'elle dit. Elle imprime quelques mots sur votre écran. C'est simple, efficace et facile à utiliser.

Une autre raison importante pour laquelle Python devrait être sur votre liste est l'accès aux nombreuses communautés en ligne de programmeurs Python. Vous découvrirez bientôt qu'il est beaucoup plus facile de travailler avec d'autres que de créer quelque chose par soi-même. Vous avez besoin d'aide de temps en temps, et programmer avec d'autres codeurs peut vous apprendre beaucoup. La popularité mondiale de Python signifie qu'il y a une quantité énorme de ressources en ligne dont vous pouvez apprendre et beaucoup de communautés prêtes à répondre à vos questions. Peu importe le nombre de livres que vous lisez et le nombre de leçons que vous prenez, vous serez coincé avec un problème que vous ne pourrez pas résoudre. C'est alors que d'autres peuvent venir à votre secours et vous proposer des idées ou des solutions auxquelles vous n'avez jamais pensé. C'est ainsi que vous apprenez à devenir un meilleur programmeur.

Quant à sa polyvalence, Python n'est pas seulement un langage d'apprentissage pour les débutants. Python est flexible et peut être utilisé pour de nombreuses applications. De nombreux modules et bibliothèques ont été créés pour étendre le langage et l'améliorer afin qu'il puisse être utilisé dans divers domaines. Cela signifie qu'en apprenant Python maintenant à un jeune âge, vous serez déjà prêt pour une carrière une fois que vous aurez grandi. Il possède tout ce dont vous avez besoin pour créer des jeux à l'aide du moteur PyGames, ou créer des applications, ou même commencer à programmer des robots. Python est souvent utilisé pour construire des dispositifs intelligents, comme les systèmes de sécurité domestiques. De plus, avec la quantité de données que le monde génère, Python est maintenant utilisé pour les analyser. Ainsi, si un jour vous souhaitez travailler avec des informations, vous pouvez utiliser vos compétences en Python pour devenir un scientifique, un analyste de données ou un expert en apprentissage machine.

C#

C'est un autre langage qui est utilisé un peu comme Python. Il n'est pas aussi facile à apprendre, mais si vous commencez avec Python, vous aurez du mal à apprendre le C#.

Le C# est également proche de l'anglais, mais il nécessite généralement plus de lignes de code pour faire la même chose que ce que vous faites en Python (un peu comme Java). Alors, pourquoi parlons-nous de ce langage ?

Le C# est souvent utilisé pour développer des applications, et il est actuellement très populaire auprès des développeurs de jeux indépendants. C'est un langage puissant qui va de pair avec le moteur de jeu Unity, que vous pouvez utiliser gratuitement. Mais ce n'est pas quelque chose que l'on apprend en quelques jours.

L'unité est un monde à part entière, mais heureusement, des dizaines de milliers de développeurs de jeux amateurs et professionnels l'utilisent. Certains de vos jeux préférés ont peut-être été créés avec C# et Unity, comme Cuphead, Ori and the Blind Forest, Hearthstone, Cities : Skylines, et bien d'autres encore. C# avec Unity vous permet également d'entrer dans la réalité virtuelle et de créer des jeux et des applications qui peuvent être utilisés avec des casques RV.

Donc, si vous vous intéressez au développement de jeux sérieux et à la réalité virtuelle, vous devriez vous intéresser au C#, mais de préférence après avoir appris les bases de la programmation. C# n'est pas aussi facilement accessible aux débutants que Python. Vous devriez d'abord apprendre les bases avec un langage de programmation plus simple, puis gravir les échelons à partir de là.

Java

Ce langage de programmation d'usage général est utilisé pour construire une variété d'applications informatiques, d'applications Android, ainsi que des systèmes web. Il ne faut pas le confondre avec JavaScript car ils sont très différents.

Java a été créé pour être convivial pour les débutants tout en offrant toute la puissance qu'un langage de programmation complexe devrait avoir. Malheureusement, cela signifie que vous devrez vous habituer à écrire beaucoup de lignes de code pour chaque tâche, aussi simple soit-elle. Mais cela ne veut pas dire qu'il n'est pas populaire. En fait, Java est au moins aussi populaire que Python parce qu'il est plus rapide et encore mieux optimisé. Vous n'aurez donc aucun problème pour trouver des personnes avec qui vous pourrez vous entraîner ou poser des questions. Il existe des centaines de communautés et de forums en ligne consacrés à Java.

En prime, si vous apprenez d'abord Java, vous serez en mesure d'apprendre le C# à un niveau décent en quelques semaines, voire quelques jours. Cela fonctionne également dans l'autre sens. Java et C# sont tellement similaires en ce qui concerne le code lui-même que beaucoup de débutants ne savent pas exactement lequel est le bon en regardant certains exemples. En fait, si vous voulez commencer à apprendre le C# ou le Java mais que vous ne savez pas lequel apprendre en premier, il suffit de tirer à pile ou face. Ils sont tout aussi polyvalents et puissants.

Mais là encore, vous vous contentez de vous en tenir à des langages plus simples comme Python, ou même Scratch, afin de pouvoir vous concentrer sur l'apprentissage des bases de la programmation.

C++

Ce dinosaure des années 1970 refuse tout simplement de mourir. Le C++ est un langage complexe avec tant de fonctionnalités et de choses compliquées à gérer que vous deviendriez fou à l'apprendre comme un débutant. C'est en effet un langage très puissant encore utilisé dans le développement de logiciels et de jeux modernes, mais il est très difficile et facile à rater.

Alors pourquoi s'embêter avec le C++ ? Il ne faut pas beaucoup de puissance informatique pour utiliser le logiciel. Chaque tâche, calcul et action que vous programmez utilisera la mémoire et la puissance de traitement de votre ordinateur. Par exemple, lorsque vous créez un jeu complexe avec des graphismes de haute qualité, les ressources de votre ordinateur seront fortement sollicitées pour traiter ces graphismes fantaisistes. Si le langage que vous avez utilisé pour programmer le jeu n'est pas aussi efficace et consomme vos ressources, vous devrez déclasser le jeu ou la plupart des ordinateurs ne pourront pas le faire fonctionner. Pour éviter cela, la plupart des développeurs comme Blizzard, EA Games, CD Projekt Red, et bien d'autres, s'appuient sur le C++ pour rendre leur jeu suffisamment efficace.

Dans cette optique, ne commencez pas avec le C++ ou vous risquez d'abandonner la programmation à cause de la frustration. Revisitez le langage quand vous aurez un peu d'expérience.

Comment fonctionnent les programmes

Pour devenir un programmeur à succès, vous devez comprendre comment les programmes sont construits et conçus. La façon la plus simple de le faire est de les considérer comme des recettes de cuisine. Pour qu'un programme fonctionne correctement, il doit exécuter un ensemble de commandes dans un certain ordre. Cela semble compliqué quand on l'explique en termes de programmation, mais en réalité c'est très simple.

Comment préparer une omelette ? Vous commencez par prendre tous les ingrédients dont vous avez besoin, vous ouvrez les œufs, vous faites frire du bacon, vous ajoutez du sel et de l'origan pour donner du goût, vous faites cuire le tout ensemble et vous servez. Les ordinateurs fonctionnent de la même manière. Ils ne peuvent rien faire sans les ingrédients et sans la recette qui leur dit quoi faire avec ces ingrédients. Les ordinateurs et les programmes ne sont pas si intelligents que ça. Ils ont besoin de quelqu'un pour leur dire quoi faire.

La méthode la plus simple, comme pour la cuisine, consiste à décomposer le programme en petites sections. Ne pensez pas à tout en même temps. Chaque commande ou action va être construite en utilisant un ensemble d'instructions déclarées dans un certain ordre. Ces sections sont appelées des algorithmes. Par exemple, brancher la cuisinière électrique, régler la température et la vérifier serait un algorithme du programme "Cuisiner le petit déjeuner".

La construction d'algorithmes fait partie du travail du programmeur. Si vous travaillez sur une partie de Yahtzee, vous aurez besoin d'un algorithme de lancement de dés. Si vous créez un jeu d'aventure, vous avez besoin d'un algorithme de recherche de chemin, d'un algorithme de puzzle, et bien d'autres encore. Tous les algorithmes sont essentiellement des blocs de code que vous liez à d'autres blocs, comme vous l'avez fait dans le programme Scratch.

En tant que codeur débutant, vous devez apprendre les trois principes des algorithmes :

1. **Séquence** : Ce terme fantaisiste fait référence à l'ordre dans lequel le code est traité. Tous les programmes et langages de programmation doivent exécuter le code dans un certain ordre qui est logique pour l'ordinateur. Par exemple, vous ne pouvez pas faire frire les œufs avant de les casser ou d'allumer un feu. La séquence correcte dans nos exemples ressemble à ceci : allumer le four > régler la température > casser les œufs > mélanger les ingrédients > cuire > servir > éteindre le four.
2. **Prise de décision** : Dans la programmation, vous devez toujours poser certaines conditions. Cela signifie qu'un algorithme ou des parties d'un algorithme ne fonctionneront que si une certaine condition est vraie. Par exemple, vous pouvez décider de prendre une omelette ou des céréales au petit déjeuner. Chaque décision entraîne une séquence différente et des instructions différentes. Une déclaration conditionnelle ressemble à ceci : si cette condition se réalise, alors cette action sera exécutée. Si l'on reprend notre exemple, si vous vous réveillez affamé

comme un cheval, vous déciderez d'opter pour des œufs et du bacon, de sorte que la séquence nécessaire à la préparation de ce petit-déjeuner sera exécutée. Si vous vous réveillez sans avoir très faim, vous choisirez les céréales, et la séquence bacon et œufs sera ignorée, pendant que la séquence céréales est exécutée. Les programmes peuvent être intelligents et nous pouvons leur donner la possibilité de choisir, tout comme nous le faisons.

3. **Répétition** : Divers algorithmes doivent souvent être exécutés plusieurs fois, ou sans arrêt jusqu'à la fermeture du programme. En d'autres termes, le code doit fonctionner en boucle. En programmation, les boucles sont utilisées pour ordonner à l'ordinateur d'exécuter un ensemble d'instructions plusieurs fois. Cela signifie que nous n'avons pas besoin d'écrire ces instructions encore et encore. Nous les plaçons simplement à l'intérieur d'une boucle et nous disons ensuite à l'ordinateur quand il est temps de sortir de cette boucle.

Ces concepts généraux sont valables pour tous les langages de programmation, que vous travailliez en Python, Scratch, Java ou C++.

La phase de conception

Vous ne voulez pas commencer à coder tout de suite. C'est une recette pour la frustration. Même les programmes simples peuvent vous prendre beaucoup de temps si vous ne planifiez pas à l'avance. C'est pourquoi tous les programmeurs commencent à concevoir leur programme sur une feuille de papier, ou un tableau de conférence. Certaines personnes aiment dessiner des images qui symbolisent le fonctionnement du programme, tandis que d'autres préfèrent une série de mots-clés, et d'autres encore préfèrent un document de conception complet qui décrit tout en détail.

Aucune méthode n'est meilleure que l'autre. Tout ce qui compte, c'est que vous passiez du temps à réfléchir à votre programme et à planifier la séquence à l'avance. L'approche la plus simple pour la plupart des débutants est d'utiliser le système d'organigramme. De cette façon, vous pouvez visualiser vos idées et réfléchir aux problèmes éventuels que vous pourriez avoir avant de les provoquer réellement.

Après avoir utilisé une méthode de conception générale comme celles mentionnées ci-dessus, la plupart des codeurs aiment commencer à écrire des pseudo-codes avant de faire une programmation réelle.

Un pseudo-code n'est pas un code réel. Il se traduit par un faux code. Alors pourquoi est-il utile ? Le pseudo-code est utile lorsque nous réfléchissons au code réel. C'est comme prendre des notes qui suivent les règles de la programmation. De cette façon, vous aurez une idée de la façon dont le programme est censé fonctionner. Une fois que vous avez le pseudocode, vous l'utilisez pour le traduire en code réel. Voici un exemple de pseudocode en action : créez la variable hours_learning = 0 si Bob apprend pendant une heure puis ajoutez un à hours_learning si heures > 2 puis imprimez "Stop learning and take a break !" sinon imprimez "Keep practicing. Vous vous en sortez très bien" !

Le pseudo-code est facile à lire et se déroule exactement comme le programme réel doit se dérouler. Il ne vous reste plus qu'à le traduire en Python, ou en C#, ou dans tout autre langage de programmation que vous utilisez.

Tant de langues !

Dans les sections précédentes, nous n'avons couvert que certaines des langues les plus populaires, mais il y en a beaucoup plus, certainement plus que ce que nous pourrions faire tenir dans un livre (ou dix). Vous êtes donc probablement très confus en ce moment et vous ne savez pas vraiment quelle langue choisir. C'est très bien ! De nombreux programmeurs traversent la même épreuve, même lorsqu'ils envisagent d'apprendre une deuxième ou une troisième langue.

Comme vous êtes débutant, vous devriez commencer par Scratch, suivi de Python. Le plus important pour vous est d'apprendre ce qu'est la programmation et comment tout cela fonctionne. Vous avez besoin des concepts. Vous devez apprendre ce que sont les variables et les déclarations conditionnelles, sans vous bloquer sur la façon dont le code est censé être écrit. Pour ce faire, nous allons commencer avec un langage visuel qui ne vous oblige pas à écrire du code.

Grattez cette démangeaison de codage avec une égratignure

Scratch est un langage de programmation visuel qui simplifie le codage. Au lieu d'écrire, il vous permet de vous déplacer dans les blocs de construction de ce qui fait un programme. C'est un peu comme jouer avec des briques LEGO, mais au lieu d'être en plastique, elles sont faites de code. Ou alors, pensez à des centaines de pièces de puzzle que vous relierez les unes aux autres pour créer quelque chose.

Le scratch est idéal pour les enfants et les débutants car il leur apprend à coder tout en s'amusant. Vous pouvez faire des jeux et des animations, par exemple, car Scratch est livré avec une collection de graphiques et de sons. Vous pouvez ajouter des sprites (objets graphiques) comme des personnes ou des animaux, puis les animer pour qu'ils se déplacent à l'aide des blocs de Scratch. Ces blocs sont colorés de différentes façons pour vous permettre d'identifier plus facilement les différents éléments de programmation. Voici à quoi ressemble un projet de jeu :

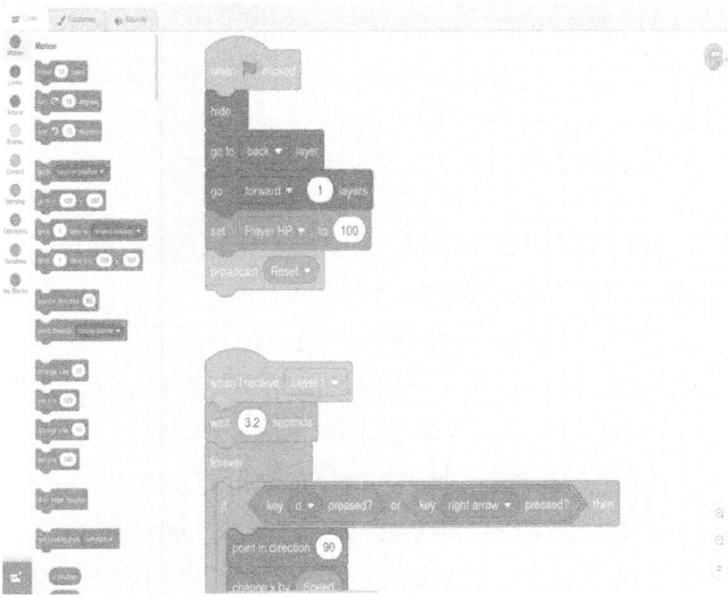

Chaque bloc contient des instructions qui indiquent au programme ce qu'il faut faire. Ces blocs forment ce que l'on appelle un script. Les scripts sont les composants d'un projet qui contiennent tout, des fonds aux sons.

Mise en place

Pour commencer à programmer, vous devez soit télécharger l'application Scratch sur votre ordinateur, soit l'utiliser en ligne. Vous pouvez également créer un compte utilisateur Scratch afin de pouvoir sauvegarder tout votre travail en ligne, si vous ne voulez pas utiliser l'application, et le partager avec vos amis. Rendez-vous sur https://scratch.mit.edu/ et cliquez sur le bouton "Join Scratch" en haut de la page. Si vous ne souhaitez pas encore vous inscrire, vous pouvez cliquer sur le bouton "Create" qui ouvrira l'éditeur de codage. Vous pouvez commencer à créer un jeu immédiatement !

Si vous n'avez pas toujours une connexion Internet, ou si vous souhaitez simplement travailler hors ligne, vous pouvez télécharger la version du logiciel ici : https://scratch.mit.edu/download. L'application est gratuite et disponible pour plusieurs systèmes d'exploitation. Téléchargez la version Windows si votre ordinateur fonctionne sous Windows, ou la version macOS pour Mac. L'application est également disponible pour les tablettes Android et les smartphones. Si vous possédez l'un ou l'autre, vous devez installer l'application sur l'un d'entre eux afin de pouvoir vous entraîner et travailler sur votre projet lors de vos déplacements. Cependant, si votre ordinateur fonctionne avec un système d'exploitation basé sur Linux comme Ubuntu, vous devriez vous en tenir à la version en ligne car elle fonctionne sur tous les ordinateurs. Dans les deux cas, le processus d'installation est simple. Il suffit de télécharger l'application et de suivre la procédure d'installation par défaut. Une fois installée, lancez l'application en cliquant sur l'icône du bureau, et vous êtes prêt à commencer !

Si vous vous êtes inscrit en ligne, ce que vous devriez faire pour pouvoir sauvegarder votre travail, connectez-vous et cliquez sur le bouton "Créer" pour commencer. Une fois connecté, l'application en ligne enregistrera automatiquement tout votre travail. Vous pouvez trouver chaque projet sur lequel vous travaillez dans la catégorie "My Stuff" que vous pouvez trouver après avoir cliqué sur votre nom d'utilisateur.

Pour sauvegarder votre travail dans la version hors ligne de l'application, vous devez sélectionner le menu "Fichier" et cliquer sur "Enregistrer sous".

Bonjour, le monde !

Que vous soyez un enfant, un adolescent ou un adulte de 50 ans, la tradition est de créer le programme "Bonjour, le monde !
Tout ce qu'elle fait, c'est imprimer ces mots à l'écran. Voici à quoi cela ressemble dans Scratch :

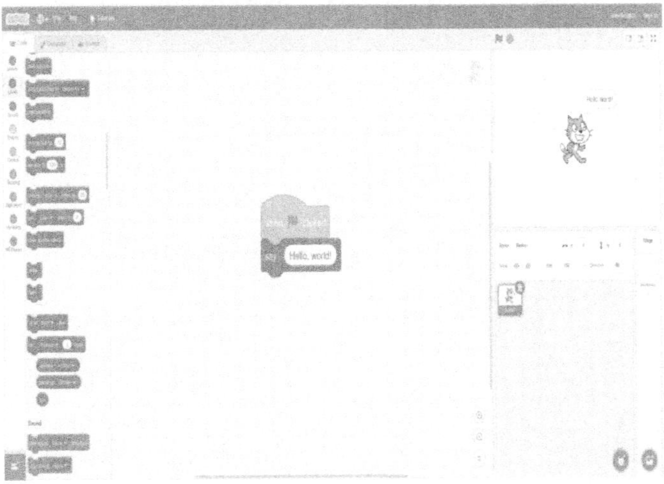

Pour le faire en Scratch, il faut une seconde, mais il faut d'abord s'y retrouver dans l'interface.

Sur le côté gauche, vous avez la section des codes. Vous remarquerez que tout le code est divisé en catégories, telles que Mouvement, Événements, Son, Variables et Opérateurs. Dans chaque catégorie, vous trouverez des blocs de code qui ne sont liés qu'à cette catégorie. Dans notre exemple, nous devons d'abord cliquer sur la catégorie Événements, et nous y trouvons "lorsque nous cliquons" avec un symbole de drapeau vert au milieu.
En Scratch, ce drapeau signifie "Go" et il fait fonctionner le programme. En d'autres termes, nous démarrons le programme en lui disant que lorsque nous le lançons, nous voulons qu'il se passe quelque chose. Il s'agit d'un événement. Vous pouvez voir que les blocs sont également lisibles et ce que nous avons est très clair : "Quand GO a cliqué, dites quelque chose". L'instruction "say" se trouve dans la catégorie "Looks". Voici une image en gros plan du panneau de code :

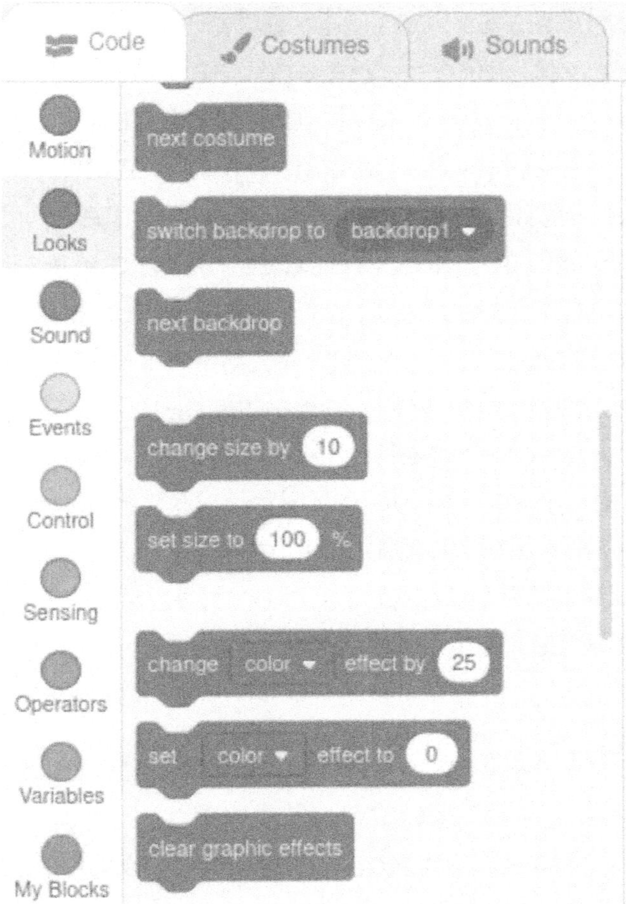

Vous devriez prendre un moment pour explorer le panel. Amusez-vous à regarder les blocs de code de chaque catégorie et essayez-les ! L'expérimentation est amusante et vous pouvez apprendre beaucoup de choses de cette façon. Tout ce que vous avez à faire, c'est de glisser et de déposer les blocs pour les relier les uns aux autres.

Vous avez sans doute remarqué d'autres sections à côté de

Code, à savoir Costumes et Sons. Si vous ouvrez le panneau Costumes, vous accédez à une fenêtre qui ressemble à une version plus simple de Peinture. Vous disposez de quelques outils de dessin, d'une option pour remplir votre dessin avec de la couleur ou le dessiner en contour, et plus encore. C'est là que vous pouvez créer vos graphiques, ou des sprites pour être plus précis, et les utiliser dans votre jeu. Vous pouvez également en télécharger si vous les avez déjà ou si vous les avez trouvés sur un autre site web. Si vous n'aimez pas dessiner, il existe de nombreux sites web gratuits qui proposent des graphiques gratuits. Open Game Art est l'un d'entre eux, et vous pouvez le consulter en suivant ce lien : https://opengameart.org/.

La section Son à côté de Costumes fonctionne de la même manière, sauf qu'ici vous avez le contrôle du son. Scratch vous permet de télécharger vos propres sons, ou même de les enregistrer ! Prenez un micro et commencez à créer des effets sonores. Qui sait, vous avez peut-être en vous le talent d'un acteur de voix. Dans le panneau sonore, vous avez également des commandes qui vous permettent de jouer le son plus vite, plus lentement, à l'envers, et d'ajouter des effets de fondu enchaîné pour adoucir les choses.

Maintenant, regardons le panneau de jeu qui se trouve sur le côté droit de l'écran.

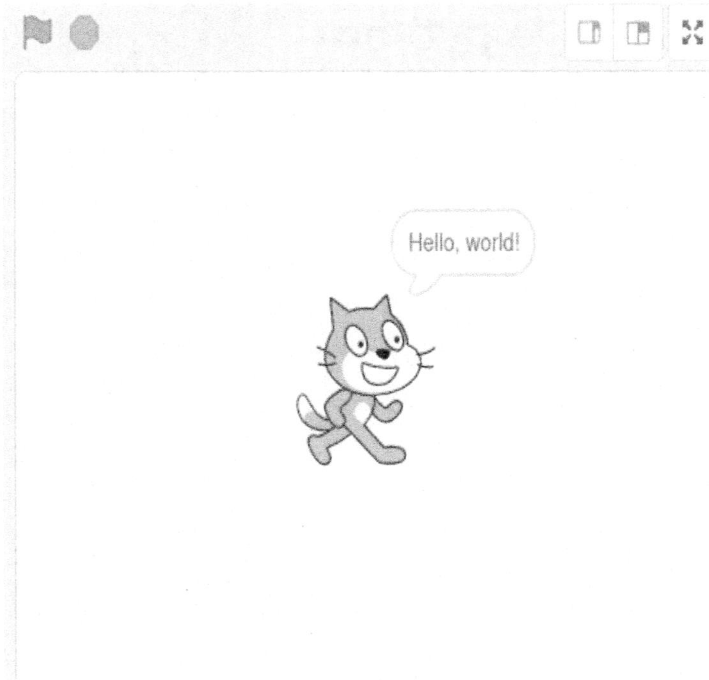

C'est là que tout ce que vous programmez est exécuté et affiché. Ce qui est important, cependant, c'est le drapeau vert en haut à gauche. C'est le bouton "Play" qui exécute le programme. Après avoir ajouté quelques blocs de code, cliquez dessus pour voir ce qui se passe. Pour arrêter l'exécution du programme, vous pouvez cliquer sur le signe stop rouge à côté du drapeau.

Prenez un peu de temps pour vous adapter au programme Scratch et explorer. L'application est conviviale et tout fait ce qu'elle dit faire. C'est pourquoi Scratch est l'un des meilleurs points de départ pour les enfants et les programmeurs débutants.

Glisser avec le python

Contrairement à Scratch, Python est un langage de programmation basé sur le texte, ce qui signifie que vous devez écrire tout le code vous-même. Cela peut paraître intimidant pendant un certain temps, mais une fois que vous aurez appris quelques commandes et fonctionnalités de base, vous serez capable de faire beaucoup plus qu'en Scratch.

Python est un langage puissant qui a été développé dans les années 90. Depuis lors, il est utilisé par des étudiants et des professionnels du monde entier pour une grande variété de projets. Python est également facile à apprendre car le langage est proche de l'anglais, de sorte que le code est beaucoup plus facile à lire et à écrire que dans d'autres langages comme Java et C++. En outre, Python est également fourni avec un grand nombre de bibliothèques et de modules contenant des fonctions prédéfinies qui sont utilisées dans des cas spécifiques. Par exemple, Python est livré avec des modules pour le dessin graphique, le développement de jeux, l'apprentissage automatique, la science des données, et bien d'autres choses encore. Python est également utilisé par de grandes entreprises comme Google et la NASA, donc si vous voulez poursuivre une carrière dans la programmation, le développement ou la science des données, ce langage a un grand avenir.

Vous pouvez aussi utiliser Python pour faire des expériences de robotique et d'IA ! Ce langage est utilisé pour programmer toutes sortes de gadgets et de robots avec les cartes informatiques Raspberry Pi ou Arduino. En apprenant le Python, vous pouvez construire tout ce dont vous pouvez rêver.

De l'éraflure au python

L'une des principales raisons pour lesquelles vous devriez commencer par Scratch est le fait que presque tout ce que vous apprenez et jouez peut être transféré en Python. Tout ce que vous faites dans Scratch fonctionne en Python, juste un peu différemment parce que c'est un langage basé sur le texte au lieu d'un langage visuel. Par exemple, si vous vous souvenez du bloc "quand 'Go' a cliqué - dites 'Hello, World!'" en Scratch, il est très similaire à la façon dont il fonctionne en Python. Bien sûr, vous devez taper du code, mais en principe, c'est la même chose :

imprimer ("Bonjour, le monde !")

En Python, nous n'avons pas besoin de spécifier l'événement "when clicked" dans ce cas car Python imprimera automatiquement le message à l'écran lorsque vous exécuterez le programme. La seule différence réelle entre les deux programmes est que le mot-clé "say" devient "print", mais ils ont tous deux la même signification.

Encore une fois, veuillez passer un peu de temps à Scratch car la transition de Scratch à Python se fera beaucoup plus facilement que de sauter directement à Python. Bien sûr, vous pouvez aussi apprendre le python immédiatement puisque beaucoup d'enfants le font déjà à l'école. Tout dépend de vous et de votre désir de programmer !

Installer Python

Avant d'utiliser Python, vous devez l'installer sur votre ordinateur. Pour ce faire, lancez votre navigateur web préféré et rendez-vous sur https://www.python.org/. Python est disponible sur toutes les plates-formes informatiques fonctionnant sous Windows, MacOS ou Linux. Si par hasard vous utilisez un ordinateur basé sur Linux, par exemple un ordinateur fonctionnant sous Ubuntu, vous devriez déjà avoir Python installé par défaut et vous pouvez le trouver dans la section applications et logiciels. Si vous êtes sur un
Ordinateur Windows ou Mac, vous devez aller dans la section "Téléchargements" et sélectionner le système d'exploitation correspondant.

Assurez-vous de télécharger la dernière version de Python 3, et non de Python 2. Python 3 est l'édition la plus récente qui est utilisée et il ne sert à rien de travailler avec son grand frère.

Une fois que vous aurez choisi la dernière version de Python, vous devrez sélectionner l'architecture de votre système d'exploitation. Si vous utilisez Windows 32 bit, vous devez télécharger Windows x86. Pour Windows 64 bit, vous avez besoin du programme d'installation de Windows x86-64, et pour Mac, vous avez besoin de MacOS X 64/32. Téléchargez le bon programme d'installation et lancez-le avec les paramètres par défaut en cliquant simplement sur "Suivant".

Il existe également une alternative en ligne si vous voulez juste coder en déplacement ou essayer Python pour voir si c'est pour vous. Sur https://www.python.org/, vous trouverez un bouton qui ressemble à ">_". Si vous passez votre souris dessus, vous remarquerez qu'il indique "Launch Interactive Shell". Cela ouvrira un éditeur de code qui fonctionne presque comme celui qui est fourni avec l'installation de Python.

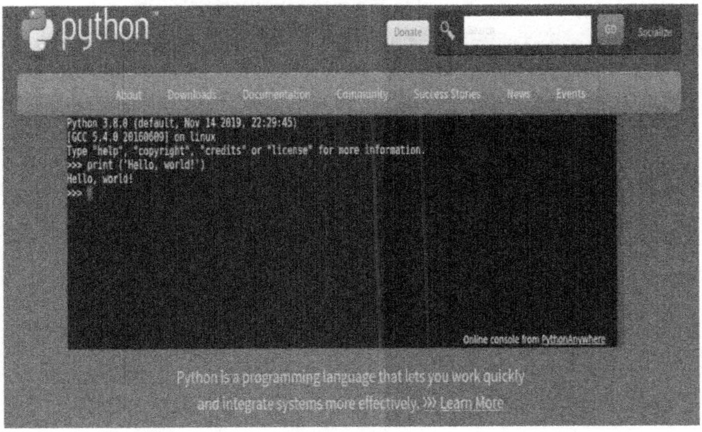

Cet éditeur de code est idéal pour s'entraîner en déplacement, mais vous devriez quand même installer Python. Le shell seul ne peut pas sauver ce sur quoi vous travaillez. Tout programme ou jeu que vous essayez de créer serait perdu dès que vous fermez la page.

Configuration de l'IDE

Une fois que vous avez installé Python sur votre ordinateur, vous avez probablement remarqué un programme appelé IDLE. Il s'agit d'un IDE, un environnement de développement intégré. Tous les langages de programmation nécessitent une sorte d'IDE, ou tout au moins un éditeur de code. L'avantage d'utiliser un IDE comme IDLE ou Visual Studio est qu'il est également fourni avec de nombreux outils. Certains de ces outils comprennent la mise en évidence des erreurs, l'autocomplétion de mots-clés, des suggestions de correction d'erreurs et un débogueur. Tous ces outils peuvent rendre le codage beaucoup plus facile et rapide, surtout au début. C'est une autre raison pour laquelle vous devriez utiliser l'installateur Python et non le shell interactif en ligne.

Maintenant, lancez IDLE et voyons ce que nous avons. La première chose que vous verrez est la fenêtre de la coquille. Elle ressemble presque au shell en ligne et fonctionne de la même manière. Cela signifie que vous pouvez taper du code et voir ses résultats, mais que vous ne pouvez pas l'enregistrer. C'est parce qu'un shell n'est qu'une interface qui vous permet d'envoyer des commandes à votre système d'exploitation. Utilisez cette fenêtre pour tester vos idées ou des blocs de code dont vous n'êtes pas sûr. C'est un bon endroit pour prendre des notes temporaires et essayer des choses. Voici un exemple utilisant la commande d'impression bien connue :

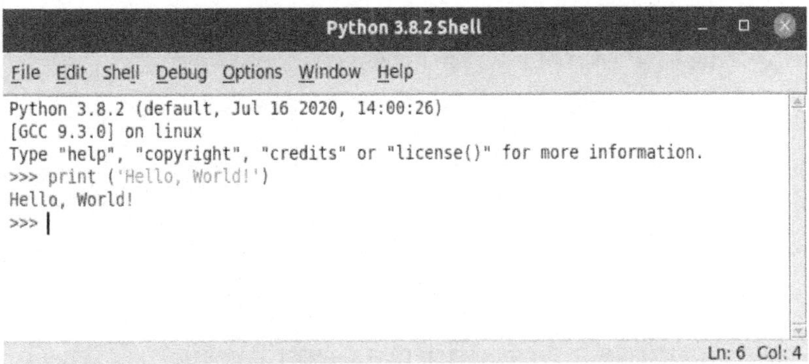

Décomposons les informations dont nous disposons dans cette fenêtre.

En haut de la page, vous trouverez des informations sur la version actuelle de Python et sur le système d'exploitation utilisé par votre ordinateur. Dans cet exemple, Python fonctionne sur un ordinateur Linux. Le code actuel de notre programme commence par la première ligne où nous voyons le symbole ">>>". C'est l'invite et c'est là que tout votre code va. Vous pouvez voir la déclaration d'impression en action, et à la deuxième ligne, le shell affiche déjà les résultats de notre code. Mais, nous ne pouvons pas le sauvegarder.

Pour sauvegarder votre travail dans IDLE, vous devez lancer la fenêtre de l'éditeur. Pour ce faire, ouvrez le shell et cliquez sur Fichier. Vous y trouverez l'option Nouveau fichier. Cliquez dessus pour créer un fichier Python. Cela se fait automatiquement, et vous pouvez reconnaître les fichiers Python car ils se terminent par l'extension . py.

Essayez la déclaration imprimée maintenant dans la fenêtre de l'éditeur et voyez ce qui se passe. Rien. C'est parce que la fenêtre de l'éditeur n'exécute pas le code immédiatement après l'avoir tapé comme le fait la fenêtre du shell. C'est pourquoi le shell est idéal pour tester le code en premier, mais l'exécution du programme n'est pas difficile non plus. Il suffit de cliquer sur le bouton "Exécuter" et de choisir "Exécuter le module". Vous pouvez également appuyer sur le raccourci F5 pour faire la même chose. Cela ouvrira la fenêtre du shell et exécutera votre code.

Remarquez les couleurs

Si vous avez déjà joué avec IDLE, vous avez peut-être remarqué que certains mots et parties de votre code sont de couleurs différentes. Par exemple, le mot-clé de la déclaration imprimée apparaît en violet, tandis que le message imprimé "Hello, world !" est vert.

IDLE et d'autres EDI et éditeurs étiquettent divers types d'éléments et de structures de programmation dans des couleurs différentes afin que le programmeur puisse les reconnaître facilement. La lecture de nombreuses lignes de code peut être difficile, mais avec l'aide du codage couleur, notre travail devient beaucoup plus facile. C'est un autre avantage qu'un éditeur de code approprié comme IDLE possède par rapport au shell en ligne qui fonctionne en noir et blanc. Voici toutes les couleurs que vous verrez dans IDLE et ce qu'elles signifient :

- Noir : La plupart de ce que vous tapez sera noir. Cela inclut les symboles et les noms que vous créez pour représenter les variables et les fonctions.
- Bleu : Il représente la sortie et est facilement reconnaissable grâce à sa couleur et au fait que l'invite est manquante.
- Vert : Toutes les chaînes de caractères, ou le texte que vous déclarez comme dans l'exemple "Hello, world !", apparaîtront en vert. Vous avez peut-être remarqué que nous devons également déclarer les chaînes entre guillemets, sinon elles apparaîtront en noir et nous obtiendrions une erreur car l'ordinateur ne reconnaît pas les mots.
- Orange : Les commandes intégrées apparaissent en orange. Il s'agit par exemple de mots clés comme "si", "pour" et "autre". Ces commandes

de base sont comme des opérateurs, donc ne les confondez pas avec des fonctions comme l'impression.

- Violet : Les fonctions prédéfinies sont surlignées en violet. Les fonctions sont essentiellement des blocs de code qui sont conçus pour effectuer une certaine action ou un certain ensemble d'actions. Cela signifie que derrière la fonction, il y a de multiples commandes qui fonctionnent en coulisse. C'est ce qui rend la fonction d'impression différente des commandes comme "si", et c'est pourquoi elle est colorée en violet.
- Rouge : la seule couleur que vous détesterez voir ! Toutes les erreurs apparaîtront en rouge une fois que vous aurez lancé le code, vous saurez donc quand vous vous êtes trompé. Un exemple parfait est l'erreur de syntaxe qui se produit lorsque vous faites une faute de frappe ou que vous oubliez de fermer une parenthèse ou une citation.

Comme vous pouvez le voir, même si Python est un langage de programmation basé sur le texte, il a beaucoup de points communs avec Scratch, notamment la mise en évidence du code à l'aide de couleurs. En termes officiels, cela s'appelle la coloration syntaxique et une fois que vous aurez acquis un peu d'expérience, vous pourrez parcourir votre code et comprendre ce qui se passe, en partie grâce au code couleur.

Êtes-vous prêt ?

Être un programmeur ne se limite pas à écrire du code et à résoudre des problèmes. Il s'agit d'utiliser sa créativité pour donner vie à des idées. Pour ce faire, vous devez garder l'esprit ouvert et vous concentrer sur votre attitude également. Vous devez vous préparer. Voici donc ce que vous devez faire pour apprendre efficacement et surtout, vous amuser !

Tout d'abord, vous devez suivre et pratiquer. Vous devez explorer par vous-même et expérimenter ! Tous les algorithmes de programmation et les programmes que tu essaies s'appliqueront à n'importe quel autre langage. Si vous créez un jeu simple en utilisant des blocs de code en Scratch, utilisez la même logique pour créer le même jeu en Python. Il existe des centaines, voire des milliers de communautés de codeurs, et grâce à la recherche et au travail d'équipe, vous pouvez trouver des réponses à toutes vos questions. Ainsi, même si vous ne savez pas encore comment coder en Python, vous pouvez trouver des réponses en suivant la structure logique que vous avez construite dans Scratch.

Vous pensez peut-être que c'est idiot parce que vous êtes censé tout apprendre dans un livre. Mais une grande partie de la programmation est la capacité de chercher et d'apprendre par soi-même. C'est une compétence cruciale et vous devez vous y habituer très tôt. Alors allez-y, créez quelque chose de simple en Scratch, et trouvez comment traduire cela dans d'autres langues.

Deuxièmement, vous devez organiser votre façon de penser. Vous devez penser davantage comme un ordinateur ! Les programmes exécutent leur code de manière organisée de haut en bas. Toutes les lignes de code sont traitées de cette façon. Ainsi, lorsque vous concevez ou construisez votre programme ou votre jeu, vous devez penser de la même manière. Planifiez tout de haut en bas. Notez vos idées ou créez un organigramme qui décrit votre programme de la même manière qu'il va être exécuté. Ensuite, écrivez le pseudo-code de la même manière, de haut en bas.

N'ayez pas peur d'exprimer votre créativité ! Le codage vous donne un monde entier à explorer car il vous permet de créer tout ce qui vous passe par la tête. Il ne s'agit pas seulement de faire des maths et des calculs ennuyeux. Considérez la programmation comme la résolution de puzzles. Vous utilisez votre imagination pour créer quelque chose de nouveau et d'amusant, puis vous résolvez chaque puzzle pour que tout devienne réalité. Utilisez tout ce qui vous entoure comme source d'inspiration ! Il existe de nombreuses solutions aux problèmes de codage dans le monde réel.

Enfin, il faut de la patience et de l'endurance. Quelle que soit la langue sur laquelle vous choisissez de vous concentrer ou le programme que vous décidez de créer, vous aurez besoin de beaucoup de patience. Même lorsque vous codez par amour de la technologie, cela prend du temps. Vous allez rencontrer des problèmes. Certains d'entre eux peuvent prendre des minutes ou des heures à résoudre, tandis que d'autres prendront des jours et vous aurez besoin de l'aide des communautés en ligne. Chaque défi auquel vous serez confronté fera de vous un meilleur codeur, alors ne vous laissez pas pousser par la frustration à abandonner ou à prendre la voie de la facilité. Comprenez que coder implique la moitié du temps la correction de bugs et d'erreurs. Cela signifie que vous devrez arrêter ce que vous faites, revenir en arrière, trouver les erreurs, tester certaines parties de votre code, puis réfléchir à une solution aux problèmes. C'est là que votre sens de la patience et votre endurance vous feront briller comme codeur.

Mais que faire si vous trouvez toujours le codage ennuyeux ? Beaucoup de techniciens aiment travailler avec la technologie, mais ils n'aiment pas la partie programmation. Ce n'est pas grave ! Vous pouvez changer d'avis sur le codage et le considérer comme un outil. Si vous ne trouvez pas cela amusant, cela ne veut pas dire que vous devez abandonner ! Les programmeurs ne se contentent pas de créer des applications et des jeux. Écrire le code peut être frustrant, mais vous pourriez tirer beaucoup de joie de la construction de quelque chose. N'oubliez pas que les langages de programmation ne sont que des outils que vous utilisez pour libérer votre créativité et créer quelque chose d'intéressant, d'utile ou de purement amusant.

Vous pouvez apprendre à utiliser ces outils pour créer des capteurs de profondeur L, des moniteurs de santé et d'autres gadgets. Vous pouvez créer de superbes costumes d'Halloween avec des lumières LED que vous programmez pour qu'elles clignotent dans un certain ordre. Ou peut-être obtiendrez-vous la satisfaction de sécuriser les ordinateurs et les systèmes d'autres personnes en vous lançant dans la cybersécurité. Les spécialistes de la cybersécurité combattent les pirates informatiques malveillants qui tentent d'envahir et de voler les personnes, les entreprises et les gouvernements.

Vous pouvez également aider les gens à se faciliter la vie. Ne vous sentez donc pas mal quand vous voulez vraiment coder et améliorer vos compétences en programmation, mais que vous avez quand même l'impression que c'est frustrant et ennuyeux. C'est ce que nous ressentons tous à propos du codage de temps en temps. L'important, c'est de ne pas abandonner ! Vous n'aimez peut-être pas enfoncer des clous, mais vous aimerez la satisfaction de construire une maison. Le codage fonctionne aussi comme ça. Les langages de programmation sont votre marteau et vos clous et ce que vous en faites est ce qui vous rendra heureux.

Chapitre 2 : Programmation en Pratique

Dans ce chapitre, nous allons commencer à expérimenter certains des langages de programmation dont nous avons parlé. Vous allez apprendre les concepts et les techniques de programmation les plus importants tout en faisant le codage proprement dit et en créant des jeux. Quoi de plus amusant que d'écrire du code et de voir sa création bouger à l'écran ?

Mais avant de commencer, définissons quelques termes avec l'aide de Python.

Variables

Dans tous les langages de programmation, nous utilisons des variables pour définir des blocs d'informations et les étiqueter afin de pouvoir les utiliser et les réutiliser. Que vous programmiez en Python ou en C#, vous les utiliserez beaucoup, alors assurez-vous d'abord de les comprendre.

Les variables sont comme des boîtes. Vous les remplissez de choses, puis vous les déplacez là où vous en avez besoin et vous en sortez pour les utiliser. Le programmeur est celui qui définit la variable et la remplit d'informations. Ensuite, il lui donne un nom.

Afin de simplifier au maximum les choses, nous allons coder les exemples suivants en Python. Les principes sont les mêmes dans tous les langages de programmation, mais la syntaxe diffère. Voici l'exemple le plus simple d'une variable :

x.= 2

Dans ce cas, "x" n'est pas une commande qui fait partie du langage comme l'est "print". C'est une variable que nous avons créée. Puis nous avons dit à l'ordinateur que nous allions attribuer le chiffre 2 à cette variable. Maintenant, créons une autre variable et utilisons "x" pour stocker des informations :

y.= x + 5

Y" est la deuxième variable que nous avons créée et nous avons dit à l'ordinateur qu'il devait stocker la valeur de x (2) plus 5, soit 7. Mais maintenant, chaque fois que nous changeons la valeur de x, la valeur de y change automatiquement aussi parce que y n'est pas 2 + 5, mais x + 5.

Les variables peuvent contenir n'importe quel type d'information, et pas seulement des chiffres. Voici un exemple où nous stockons une chaîne de caractères (une séquence de caractères) :

salutation = ("Bonjour ! Bienvenue dans le monde de demain !")

Au lieu de taper cette chaîne dans votre code chaque fois que vous devez l'utiliser pour quelque chose, vous mentionnez simplement la variable à la place. Pour imprimer la phrase, il suffit d'appeler la variable comme ceci : print (salutation)

Les variables permettent d'économiser beaucoup de temps et de nombreuses lignes de code inutiles. Sans elles, les programmes seraient beaucoup plus longs et consommeraient davantage de ressources informatiques.

Mais parfois, les variables numériques et les chaînes de caractères ne suffisent pas. Nous avons aussi besoin de listes ! Dans de nombreux cas, nous avons besoin de stocker une collection d'objets afin de pouvoir les manipuler de différentes manières et dans différents ordres. Par défaut, les objets de la liste se voient attribuer une valeur d'index, ou en d'autres termes un numéro de position, afin que nous puissions accéder uniquement à ceux dont nous avons besoin.

Pensez simplement à la période où vous faites vos courses. Pour vous faciliter la tâche, vous avez probablement une liste sur vous pour ne pas oublier d'acheter certaines denrées alimentaires. Dans la programmation, les listes ressemblent à des listes de courses. Les articles sont séparés par des virgules et peuvent être n'importe quoi. On peut avoir des listes de chiffres, des chaînes de caractères, d'autres listes, et tout cela combiné. Voici un exemple :

my_grocery_list = ["pain", "beurre", "confiture de framboises", "pommes de terre"]

Là encore, nous avons commencé par déclarer la variable. Nous y avons stocké une liste d'éléments, qui sont tous des chaînes de caractères dans ce cas. En C#, la liste est créée de manière similaire, comme ceci : string[] my_grocery_list = {"pain", "beurre", "confiture de framboise", "pommes de terre"} ;

Comme vous pouvez le voir, c'est une version un peu plus compliquée de Python, mais seulement un peu. L'une des principales différences est que nous devons déclarer le type de variable avec lequel nous allons travailler. Python comprend automatiquement que la variable est une liste parce qu'elle contient une liste de valeurs. Mais en C# et dans d'autres langages, nous devons préciser que la variable est une liste de certains types de données. Dans ce cas, nous spécifions que nous voulons une variable de type chaîne de caractères en utilisant le mot-clé "string", suivi de deux crochets qui indiquent qu'il s'agit d'une liste de chaînes de caractères. Ensuite, nous attribuons les valeurs entre des accolades au lieu de crochets comme en Python. Enfin, nous fermons la ligne de code à l'aide d'un point-virgule. Cela indique au programme C# que l'instruction s'arrête là.

Pour accéder à un objet de la liste, vous pouvez utiliser sa valeur d'index comme ceci :

imprimer (ma_liste_d'épicerie [1])

beurre

N'oubliez pas que nous sommes de nouveau en Python, mais la technique est la même dans d'autres langues également.

Le résultat est "beurre" car la numérotation de la programmation commence à partir de 0. Le premier élément est donc toujours 0 et non 1. Le deuxième objet est 1, le troisième objet est 2, et ainsi de suite. N'oubliez pas de ne pas mélanger les choses.

Note sur les conventions d'appellation

Vous avez probablement remarqué que nous avons nommé nos variables de différentes façons. Nous avions une variable "x", une variable "salutation" et une variable "ma_liste_d'épicerie". Ce sont toutes des variables égales. Alors, que se passe-t-il avec les noms ? En programmation, il y a certaines parties du code que nous pouvons nommer nous-mêmes. Il s'agit notamment des variables, des fonctions, des classes et des méthodes. Cependant, si nous sommes en général libres de les nommer comme nous le voulons, il existe des règles strictes et des recommandations qui sont suivies par tous les programmeurs. Voici un guide :

1. **Soyez descriptif** : La chose la plus importante qu'un nom doit refléter est l'objectif de la variable ou de la fonction. En programmation, les noms sont utilisés pour dire aux programmeurs à quoi sert la variable. Ainsi, ils peuvent rapidement vérifier le code en cas de problème. Imaginez que vous preniez une ou deux semaines de pause dans votre projet et que vous regardiez ensuite le code. Vous oublierez probablement ce que vous aviez prévu de faire, surtout si vous vous contentez de nommer les variables comme "myVariable" ou "variable1". Ainsi, si vous établissez une liste d'armes, nommez-la comme suit "mots_d'armes". De cette façon, vous saurez immédiatement de quoi il s'agit dans la section "code".
2. **Pas d'espaces** : Vous n'êtes pas autorisé à ajouter des espaces au milieu de l'étiquette de la variable. Chaque fois que vous séparez des caractères ou des chaînes de caractères en utilisant un espace, le programme détectera plusieurs objets. Chaque fois que vous souhaitez écrire un nom long, vous pouvez utiliser des traits de soulignement à la place pour rendre le nom tout aussi lisible.

"my_grocery_list" en est un exemple. Vous pouvez également déclarer vos variables comme ceci :
"myGroceryList". Il est presque aussi lisible que les caractères de soulignement.

3. **Pas de symboles** : N'utilisez pas de symboles dans vos noms de variables, à l'exception des traits de soulignement. Aucun "*" ou "@" n'est donc autorisé.
4. **Commencez par une lettre** : Bien que vous puissiez utiliser des chiffres et des caractères de soulignement pour nommer vos variables, vous devez toujours commencer le nom par une lettre. Celle-ci peut être soit minuscule soit majuscule, mais la plupart des programmeurs choisissent d'utiliser des minuscules pour le premier mot de l'étiquette et des majuscules pour les mots qui suivent.
5. **Noms restreints** : Certains noms sont restreints parce qu'ils sont intégrés dans le langage de programmation lui-même. Par exemple, le mot-clé "print" en Python ne peut pas être utilisé pour créer une variable parce qu'il est déjà défini et utilisé. Bien sûr, vous pouvez l'utiliser dans d'autres noms comme "greeting_print" si vous le souhaitez.

Un code propre vous épargnera, à vous et à vos amis, beaucoup de frustrations. Cela est particulièrement vrai lorsque vous travaillez avec d'autres personnes sur le même projet et que vous devez trouver la cause de l'erreur. Voici quelques-unes de ces règles

D'autres sont des recommandations, mais leur but est de vous faciliter la tâche.

Projet 1 : Gratter

J'espère que vous avez écouté les conseils précédents et que vous avez passé un peu de temps à vous habituer à Scratch et à son fonctionnement. Si ce n'est toujours pas le cas, allez-y, jouez avec le programme. Essayez les blocs de code même si vous n'êtes pas sûr de ce qu'ils font. Jouez avec eux. Dessinez quelque chose avec les outils de peinture de base. Explorez ! La programmation est une affaire de recherche et d'apprentissage car aucun programmeur ne sait tout ce dont il aura besoin pour ses programmes.

Maintenant, concevons un jeu stimulant. N'oubliez pas que nous allons commencer par la conception, alors décomposons le jeu :

1. Nous allons créer un jeu stimulant et frustrant qui demande au joueur d'avoir une main vraiment stable. Le joueur devra déplacer son personnage dans un tunnel sans toucher les

murs. Appelons-le Les Mines de la Folie, car chaque jeu a besoin d'un nom cool !

2. Comme il n'est pas assez difficile de se déplacer dans les mines, nous allons ajouter un chronomètre pour pousser le joueur à battre son score et obtenir un meilleur temps.
3. Pour les contrôles, nous allons utiliser la souris pour déplacer le personnage du joueur à travers le tunnel. Si le personnage touche le mur, le joueur renaîtra au début, mais sans réinitialiser le minuteur. Le minuteur démarrera au début du jeu et ne s'arrêtera que lorsque le joueur aura atteint la fin du tunnel.
4. Le personnage du joueur sera un chat perdu dans le tunnel. Pour déplacer le chat, le pointeur de la souris n'aura qu'à le toucher. Nous n'aurons pas besoin d'appuyer sur le bouton de la souris.
5. Lorsque le joueur atteint la ligne d'arrivée sans toucher les murs, le jeu se termine et le chronomètre s'arrête.

Maintenant que nous avons la structure générale du jeu, nous pouvons commencer à le construire. Commençons un nouveau projet à Scratch et ajoutons un peu de musique d'ambiance. Scratch est livré avec une bibliothèque de sons afin que nous puissions créer un cadre agréable. Naviguez vers la section Sons, et cliquez sur l'icône des haut-parleurs. Vous trouverez une sélection de sons dans la catégorie

Boucles de musique. Chargez un son, puis ajoutez les blocs de code suivants au sprite du personnage :

quand cliqué pour toujours jouer son

Medieval2 jusqu'à ce qu'il soit terminé

Remplacez "Medieval2" par n'importe quelle boucle musicale que vous voulez.

Si vous ne savez pas quoi faire, vos blocs de code doivent ressembler à cette image :

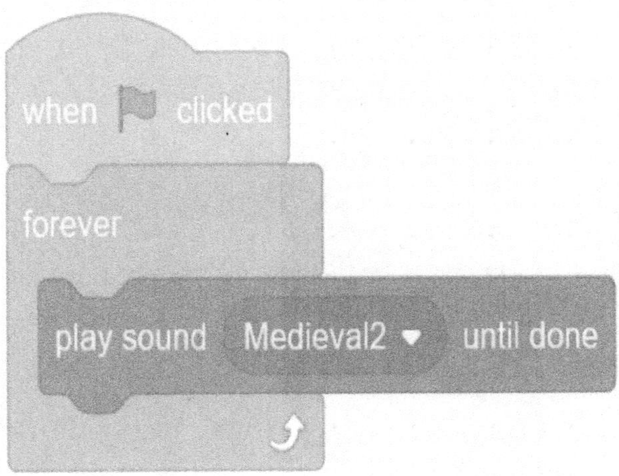

L'étape suivante consiste à créer l'art. Jusqu'à présent, nous n'avons que le sprite par défaut avec lequel nous avons commencé, qui est un chat. N'hésitez pas à remplacer le chat par tout ce que vous voulez dans la bibliothèque de sprites.

Pour créer les mines, vous pouvez naviguer jusqu'à "Costumes" et cliquer sur l'option "Peinture". Vous pouvez choisir les couleurs que vous voulez et rendre le chemin aussi difficile que vous le souhaitez. L'approche la plus simple consiste à sélectionner l'outil de remplissage, à choisir une couleur et à remplir l'arrière-plan. Ensuite, choisissez l'outil gomme et utilisez-le pour dessiner le chemin. Votre scène de jeu devrait ressembler à ceci, mais avec un peu plus de chance.

Comme vous pouvez le voir, nous avons également ajouté un deuxième sprite dans le coin inférieur droit pour marquer la ligne d'arrivée. Une fois que vous avez ajouté les sprites à la scène, vous pouvez les sélectionner et les redimensionner en faisant glisser leurs points d'angle.

Alors que votre scène de fond est encore sélectionnée, retournez à l'onglet "Code" et créez le script suivant :

quand on clique pour

toujours

changer l'effet de couleur de 2

Ce bloc de code créera une boucle qui changera sans cesse les couleurs de la scène de jeu pour la rendre un peu plus intéressante.

Maintenant, travaillons sur les contrôles du joueur. Cliquez sur le sprite du joueur et allez à la section des codes. N'oubliez pas que nous devons activer le mouvement du personnage en déplaçant le pointeur de la souris sur le sprite. Une fois qu'ils entrent en contact, le sprite se déplacera avec le curseur. Il n'est pas nécessaire de cliquer sur le sprite.

Essayez de vous débrouiller seul en écrivant chaque étape du processus sur un morceau de papier. Ensuite, vous pouvez parcourir tous les blocs de code pour trouver les éléments dont vous avez besoin. N'oubliez pas que les blocs sont conçus pour être logiques, alors faites de votre mieux.

Voici ce que nous voulons obtenir :

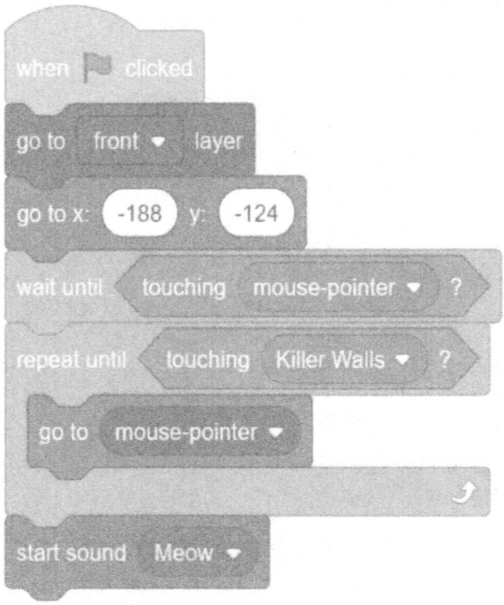

Ok, décomposons. Le bloc "go to front layer" est important car sans lui, notre personnage se déplacerait derrière n'importe quel autre lutin, comme les murs des mines. Ensuite, nous ajoutons les coordonnées des sprites de sorte que chaque fois que nous commençons le jeu, c'est là que le personnage se reproduit. Vous pouvez voir les coordonnées de votre sprite en le sélectionnant. Dans le bloc suivant, nous attendons que le joueur fasse quelque chose. Le personnage ne se déplace que lorsque le joueur passe le curseur de la souris sur le personnage. Ensuite, le personnage se déplacera avec la souris jusqu'à ce qu'il touche l'un des murs. Lorsque cela se produit, le personnage s'arrête de bouger et le son "Miaou" est joué pour ajouter de la saveur.

Maintenant que vous avez un peu d'inspiration, vous pouvez travailler davantage sur votre projet et le rendre plus intéressant. Essayez des effets et des sons, ou essayez quelques animations.

L'étape suivante consiste à créer une boucle pour relancer le jeu lorsque le joueur touche le mur. Pour l'instant, le personnage s'arrête de bouger lorsque cela se produit et nous devons arrêter le jeu manuellement puis le redémarrer. Pour y parvenir, il suffit d'ajouter une section de boucle "pour toujours" afin de capturer tous les blocs de code de "aller à" jusqu'à la fin.

Pour terminer le noyau du jeu, nous devons également effectuer un contrôle pour voir si le joueur a atteint la ligne d'arrivée. Pour ce faire, nous allons utiliser une déclaration conditionnelle "si / alors". Voici comment tout cela va se présenter en code :

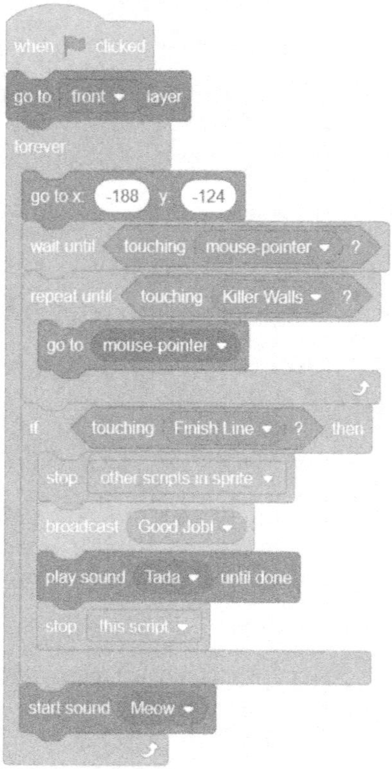

Les déclarations conditionnelles (si) sont l'un des outils les plus puissants mais aussi les plus basiques que vous utiliserez. Elles ouvrent au programme des voies pour prendre des décisions. Dans notre jeu, la déclaration dit que si le personnage touche la ligne d'arrivée (le sprite en flèche), alors tous les autres scripts s'arrêteront et un message sera diffusé avec un son. Cette action ne se produit donc que si le joueur atteint l'arrivée. Sinon, le programme ignore ce bloc de code car la déclaration conditionnelle est fausse dans toutes les autres situations (lorsque le personnage ne touche pas la ligne d'arrivée).

À ce stade, notre jeu est assez avancé, alors commencez à le tester. Déplacez votre personnage du début à la fin. Analysez la difficulté à atteindre la ligne d'arrivée et ajustez la taille du personnage ou le chemin pour le rendre plus facile ou plus difficile. Une fois l'autre côté du niveau atteint, la musique de fond devrait s'arrêter, le personnage ne devrait plus bouger et le message "Good Job !" sera affiché, accompagné de l'effet sonore "Tada".

Pour rendre le jeu plus intéressant et rejouable, nous allons ajouter une minuterie. Pour ce faire, nous allons créer notre propre variable appelée Time. Allez dans la section Variable à l'intérieur du panneau de code et cliquez sur Créer une variable. Nommez-la Time, ou tout ce que vous voulez, laissez l'option par défaut "pour tous les sprites" activée, puis sélectionnez le caractère sprite pour ajouter le bloc de code suivant :

quand on clique, mettre

Time à 0 pour toujours

attendre 1 seconde

changer l'heure par 1

La deuxième ligne est nécessaire pour remettre le chronomètre à zéro chaque fois que nous commençons un nouveau tour. Dans le bloc "forever", nous ajoutons une valeur de 1 à chaque seconde qui passe.

Pour ajouter un peu plus de détails à votre jeu, vous pouvez maintenant créer un nouveau sprite qui affichera le message de félicitations. Si vous décidez de franchir cette étape supplémentaire, vous aurez besoin d'un script pour qu'il reste caché pendant le jeu. Nous ne voulons déclencher le signe que lorsque le joueur atteint la fin. Pour le rendre plus intéressant, nous pouvons également le coder pour qu'il clignote. Voici à quoi doit ressembler votre code Scratch :

quand on clique sur

cacher aller à x : 0 y : 0

Ce bloc est attaché au sprite pour le rendre invisible au début du jeu. Maintenant, ajoutez un autre bloc de code à celui-ci :

quand je reçois le Good Job show

aller au front pour toujours

changer l'effet de couleur de 20

Lorsque le joueur gagne le jeu, le message sera affiché en l'amenant sur la couche avant et il sera flashy grâce à un changement de couleur rapide que nous avons ajouté dans la dernière ligne.

Enfin, nous devons afficher le chronomètre à l'écran ainsi qu'un panneau "Best Time" pour voir notre précédent record. Créons une autre variable et appelons-la Record Time. Sélectionnez maintenant le sprite de caractère et ajoutez les blocs de code suivants : lorsque je reçois Good Job si Record Time = 0 ou Time < Record Time alors

établir un record de temps à temps

Les déclarations conditionnelles peuvent contenir plusieurs conditions ou options en utilisant l'opérateur "ou" ou l'opérateur "et". Dans ce cas, nous utilisons la première option, ce qui signifie qu'une seule des deux conditions doit être vraie. Ainsi, la première condition sera vraie la toute première fois que vous lancerez le jeu, tandis que la deuxième condition ne sera vraie que lorsque le score du temps sera inférieur au score du temps record. La dernière ligne de code est utilisée pour enregistrer le score record du dernier jeu comme score de départ.

Faites passer votre jeu au niveau supérieur en affinant les graphismes et les mécanismes de jeu. Il est toujours possible de s'améliorer ! Utilisez votre créativité pour étendre le jeu ou apporter quelque chose de nouveau. Vous pouvez même créer un nouveau niveau et dire au jeu que lorsque le personnage atteint la ligne d'arrivée, le jeu n'est pas terminé. Au lieu de cela, il va téléporter votre personnage au niveau suivant, qui devrait être plus difficile.

Projet 2 : Python

Utilisons notre pratique du Scratch comme point de départ pour progresser vers Python. Pour ce projet, nous allons créer un jeu de hasard de base. Le joueur devra choisir entre trois coffres. Dans l'un d'eux, il y a un gobelin en colère. Le but est de deviner les coffres sans le gobelin autant de fois que possible. Lorsque le gobelin est trouvé, le jeu est terminé et le score du joueur est révélé.

Lançons IDLE et ouvrons la fenêtre de l'éditeur. Enregistrez immédiatement le fichier du programme et appelez-le "The Angry Goblin" ou tout ce que vous voulez. Vous pouvez également garder la fenêtre shell à côté de la fenêtre de l'éditeur s'il y a assez de place sur votre écran. De cette façon, vous pouvez tester votre code immédiatement sans changer de fenêtre.

Maintenant, écrivons le code et passons-le en revue

étape par étape pour le comprendre. # The Angry

Goblin from random import randint print ("Le Lutin

en Colère") brave_adventeur = True score = 0

tout en étant courageux_aventurier :

goblin_chest = randint (1, 3)

imprimer ("Il y a trois coffres suspects en haut devant...")

imprimer ("Les légendes disent qu'il y a un goblin locked inside one of them') print

('Quel coffre allez-vous ouvrir?') chest =

input ('1, 2, or 3?') chest_num = int

(coffre) if chest_num == goblin_chest :

imprimer ("GOBLIN !")

brave_aventurier = Faux

d'autre part :

imprimer ("Il n'y a pas de gobelin ici")

imprimer ("Vous entrez dans une autre pièce avec trois autres coffres...:') score =

score + 1

print ("Fuyez pour votre vie !") print

("Game over ! Your score is : ', score) Ce

jeu contient 90% des types d'instructions et

d'informations avec lesquels vous allez

travailler dans la plupart de vos projets

Python et plus encore. Décomposons-le

pour comprendre sa structure.

Au lieu d'utiliser des points-virgules ou des crochets pour marquer la fin d'une ligne ou d'un bloc de code, Python s'appuie sur l'indentation. C'est une façon originale de dire que, en fonction de l'espace vide que vous laissez dans une ligne, Python peut voir qu'elle appartient à un certain bloc de code. Regardez le bloc "while", par exemple. Après avoir déclaré la boucle "while", nous avons un certain nombre de lignes qui sont indentées de manière à indiquer à Python qu'elles appartiennent au bloc "while". Sans l'indentation (espacement), Python ne pourra pas déterminer quel bloc de code appartient à quel endroit. Vous pouvez également utiliser Scratch comme guide car les blocs visuels vous montrent la même chose. C'est une autre raison pour laquelle le passage de Scratch à Python rend l'apprentissage de la programmation beaucoup plus facile.

Dans cette optique, notre structure de jeu peut être décomposée en quatre sections différentes, comme le montre cette image :

```
# The Angry Goblin
from random import randint
print ('The Angry Goblin')
brave_adventurer = True
score = 0
while brave_adventurer:
        goblin_chest = randint (1, 3)
        print ('There are three suspicious chests up ahead...')
        print ('The legends say that there's an angry goblin locked inside one
of them')
        print ('Which chest will you open?')
        chest = input ('1, 2, or 3?')
        chest_num = int (chest)
        if chest_num == goblin_chest:
                print ('GOBLIN!')
                brave_adventurer = False
        else:
                print ('There's no goblin in here')
                print ('You walk into another room with three more chests...:')
                score = score + 1
print ('Flee for your life!')
print ('Game over! Your score is: ', score)
```

Voici ce que nous avons :

1. Mise en place du **jeu** : La première section du code, marquée en vert, contient plusieurs lignes qui mettent en place le jeu. Il s'agit de commandes qui ne sont déclenchées qu'au démarrage du jeu. Leur but est de créer un titre de jeu, de définir les variables que nous allons utiliser dans le code, et d'importer un module.

La première ligne est un commentaire de code. En Python, et dans d'autres langages, tout ce qui vient après un symbole de hashtag (#) est ignoré par le programme. C'est un bon moyen de communiquer et de laisser des notes sur votre code. N'oubliez pas que chaque ligne qui contient des commentaires doit commencer par un hashtag, même si c'est la même phrase qui dépasse deux lignes. À la deuxième ligne, on importe une fonction d'un module. L'installation par défaut de Python n'est pas livrée avec toutes ses bibliothèques et tous ses paquets activés. Vous devez en activer certains vous-même. Vous pouvez soit importer la bibliothèque entière, soit juste un petit composant dont vous avez besoin. Dans ce cas, nous n'importons qu'une fonction, à savoir la fonction Randint, qui fait partie de la bibliothèque "random". C'est pourquoi nous utilisons le mot-clé "from". Si vous voulez l'ensemble du paquet, vous pouvez simplement taper "import random" à la place.

Ensuite, nous utilisons la commande d'impression pour afficher du texte lorsque le jeu est lancé. Nous faisons cela parce que même si le commentaire de code contient le nom du jeu, il ne l'affiche nulle part.

Enfin, nous déclarons deux variables : une qui est Vrai par défaut, jusqu'à ce qu'il ne le soit plus (vous verrez plus tard), et qui fixe le score du joueur à 0 au début de la partie.

2. **La boucle principale du jeu** : La boucle principale est marquée en rouge. C'est là que se trouve la

majeure partie de la programmation du jeu. Son but est d'afficher l'histoire du jeu et de prendre des informations au joueur. Tout ceci est réalisé alors que la variable "brave_adventeur" est Vrai. Lorsque le joueur rencontre un gobelin dans l'un des coffres, la variable sera réglée sur Faux, et la boucle du jeu se fermera.

La première ligne à l'intérieur de la boucle est un simple générateur de nombres aléatoires qui est construit en utilisant la fonction "randint" que nous avons importée. Le nom de la fonction signifie littéralement "nombre entier aléatoire" et le terme "entier" est juste une façon fantaisiste pour un programmeur de dire "nombre entier". Le générateur de nombres produira un nombre de 1 à 3 pour représenter les trois possibilités. Ensuite, nous imprimons des messages pour informer le joueur de ce qui se passe, avant de lui demander d'entrer (pour lancer les dés et choisir le coffre).

3. Les **voies de décision** : Les programmes doivent être intelligents afin de construire des jeux et des programmes complexes. C'est pourquoi nous leur donnons la capacité de prendre des décisions. Dans cet exemple, nous avons un bloc "if/else" à l'intérieur de la boucle principale. C'est là que nous créons deux chemins possibles, en fonction du bloc sélectionné. Si un gobelin est trouvé à l'intérieur du coffre, alors la variable brave_advemturer est réglée sur False. Sinon, le

joueur reçoit un point et progresse vers une autre pièce qui contient trois coffres. Dans la partie "si" du bloc, nous avons deux déclarations qui ne sont exécutées que lorsqu'un gobelin est trouvé. S'il n'y a pas de gobelin, le programme exécute le code à l'intérieur du bloc "else".

Une chose importante à laquelle vous devez prêter attention est le signe "==". Ce n'est pas une faute de frappe. C'est un opérateur de comparaison. Il vérifie si les deux valeurs sont égales. Si elles le sont, alors la condition est vraie. Ainsi, si la variable chest_num est égale à la variable goblin_chest, la condition est vraie et le code de l'instruction "if" sera exécuté. D'autre part, un seul signe égal signifie que nous attribuons une valeur à une variable. Rappelez-vous la différence entre comparer deux valeurs et en attribuer une à une autre.

4. **Section de clôture** : Enfin, nous avons la fin du jeu qui ne sera exécutée qu'une seule fois lorsque le joueur aura trouvé le gobelin. C'est à ce moment que le programme sort de la boucle et exécute les deux relevés d'impression à la fin. C'est un exemple parfait où vous pouvez voir que l'indentation indique à Python que les instructions d'impression à la fin du programme ne font pas partie de la boucle "while".

   Le jeu se termine par un message imprimé indiquant au joueur que le gobelin est rencontré et qu'il doit courir pour sauver sa vie. Le dernier message imprimé contient une chaîne de caractères qui indique que le jeu est terminé, ainsi que la variable du score. L'inclusion de la variable dans le relevé imprimera le score final du joueur.

Maintenant, vous pouvez prendre ce projet et le personnaliser un peu en utilisant ce que vous avez déjà appris. Vous pouvez ajouter d'autres coffres, et d'autres chemins à prendre. Par exemple, vous pouvez peut-être ajouter deux types de monstres différents et ensuite, dans un coffre, vous pouvez ajouter une épée. Si le joueur trouve l'épée, il pourra peut-être vaincre l'un des monstres lorsqu'il le rencontrera.

Vous pouvez également prendre ce code et le traduire en Scratch. Le déroulement du programme est le même et vous trouverez peut-être Scratch plus facile à utiliser pour l'instant. Utilisez votre créativité et expérimentez !

Structure et déroulement du programme

Tous les programmes suivent la même structure logique. Si vous n'avez pas encore compris, alors structurons le (hah !).

Les programmes sont simples. Ils prennent en compte les données fournies par l'utilisateur, appliquent un traitement informatique magique et produisent ensuite un résultat final.

En d'autres termes, le joueur ou l'utilisateur de l'application utilise la souris et les commandes du clavier pour insérer certaines informations, comme appuyer sur la touche Entrée pour sélectionner un coffre au hasard, ou utiliser le bouton de la souris pour déplacer un chat dans un tunnel. Ensuite, nous utilisons un ensemble de variables, d'opérations mathématiques, d'énoncés conditionnels, de boucles et de fonctions, pour créer le résultat que nous recherchons. Ce résultat se présente sous la forme de nouvelles informations qui sont soit imprimées à l'écran, soit affichées sous une forme graphique, comme par exemple un message "Vous gagnez" accompagné d'un effet sonore "Tada" et d'un panneau de score.

Les programmes fonctionnent de la même manière dans la plupart des langues. Scratch et Python en sont le parfait exemple. Voici quelques comparaisons simples où nous examinons l'entrée, le traitement et la sortie dans les deux langues en utilisant le jeu que nous venons de créer. Vous pouvez les utiliser pour recréer le jeu The Angry Goblin en Scratch.

Commençons par les entrées :

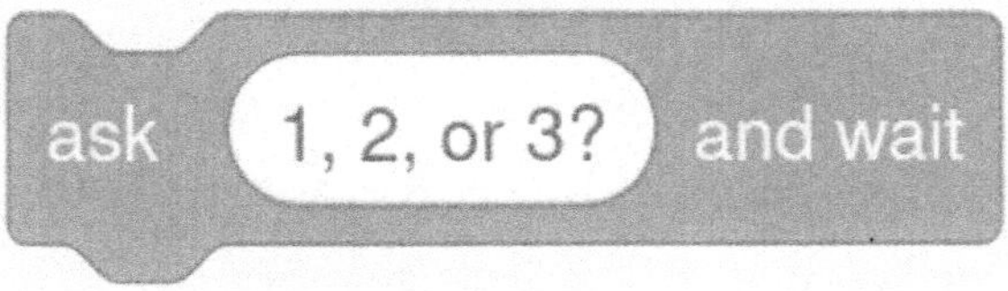

C'est la version Scratch de notre commande d'entrée Python :

chest = entrée ("1, 2, ou 3 ?")

Voyons quelques équivalents de traitement :

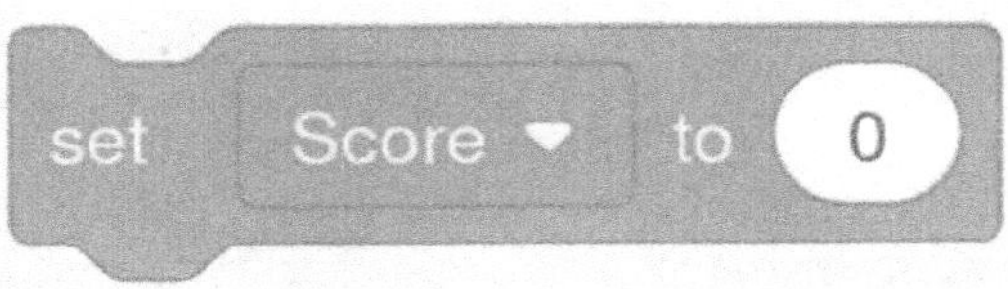

En Python, nous avions le score

suivant : score = 0 goblin_chest =

randint (1, 3)

Et voici un exemple de résultat :

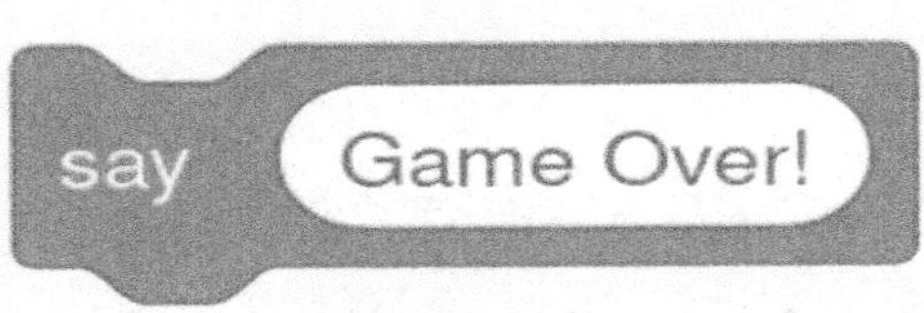

Ce qui, en python, est : print

("Game Over !")

Comme vous pouvez le voir, la structure est exactement la même et même les blocs de code sont presque identiques. Donc, avant de commencer à explorer d'autres programmes et langages, créez quelques projets en Scratch puis essayez de les recréer en Python. Faites aussi l'inverse, en commençant par le jeu The Angry Goblin que vous venez de créer. Python se traduit facilement en Scratch, et vous pouvez aussi utiliser votre côté créatif en dessinant et en ajoutant du son au jeu.

Autres activités pour les enfants

L'apprentissage est une question de pratique et d'expérimentation, et les enfants n'ont même pas besoin d'un ordinateur pour apprendre et comprendre les principes de la programmation. Cela peut sembler bizarre, car la programmation nécessite évidemment des ordinateurs et des programmes pour fonctionner. Mais il est parfois beaucoup plus facile d'enseigner à un enfant la pensée logique et les structures de traitement informatique par le biais de tâches et d'activités simples et familières.

Lorsqu'on ne s'exerce pas sur un ordinateur, on peut se concentrer sur ce qui compte vraiment : la capacité à résoudre des problèmes et à penser de manière abstraite. Tous les programmeurs doivent avoir ces compétences, et commencer jeune fait une énorme différence dans la facilité avec laquelle on comprend un langage de programmation. C'est pourquoi il est souvent plus facile pour les enfants de commencer à programmer qu'un adulte d'âge moyen qui n'a jamais appris l'informatique à l'école. Alors, commençons !

Comprendre et pratiquer les séquences

Pour comprendre le fonctionnement des programmes, il suffit de se faire un sandwich. Ça a l'air fou, non ? Faire un sandwich est en fait aussi compliqué qu'écrire du code si vous vous arrêtez pour penser à chaque processus qui se déroule. Alors, parlons des étapes à suivre pour cette activité et faisons un délicieux sandwich en même temps.

Commencez par la conception. Ce qui compte, c'est de penser à voix haute à chaque étape. Sinon, nous pouvons faire des sandwiches presque entièrement automatiquement comme des robots parce que nous avons l'habitude de les faire. Commencez par réfléchir à l'ensemble du processus comme si vous deviez l'expliquer à quelqu'un. Ecrivez-le avec le plus de détails possible. Toute personne qui lira votre document de conception de la fabrication de sandwiches devrait être en mesure de recréer parfaitement votre sandwich. Si elle ne le peut pas, c'est qu'il y a un bug dans le système et que vous devez perfectionner tout le processus.

Pensez aux programmes que vous avez créés jusqu'à présent. Vous avez dû raconter à l'ordinateur chaque détail. C'est comme ça que vous devez faire le sandwich. Que faites-vous en premier ? Pensez à votre première réaction naturelle et décrivez-la ensuite. Si vous devez sortir le pain de son sac, de son emballage, de son récipient, vous devez le nommer, puis vous devez mentionner le processus. Si vous devez couper le pain en tranches, vous devez mentionner le fait que vous devez d'abord prendre un couteau. Si vous dites simplement à l'ordinateur de couper votre pain sans mentionner un couteau, rien ne se passera. Pensez à toute la séquence.

Une fois que vous aurez écrit votre recette/processus de fabrication de sandwich, commencez à la mettre en pratique. Suivez la séquence pour voir si tout fonctionne comme prévu. Ne faites rien d'autre qui ne soit pas sur le papier ! Si vous avez écrit pour ramasser la moutarde pour l'ajouter au pain, sans mentionner que vous devez d'abord aller la chercher dans le réfrigérateur, alors vous avez une erreur de logique à régler. Fais les corrections nécessaires, puis demande à l'un de tes parents ou à un ami de suivre tes instructions.

Vous allez vous rendre compte que les ordinateurs sont en effet vraiment stupides et que vous devez tout expliquer dans des détails pénibles. Vous pouvez aussi essayer cette activité en utilisant les instructions de montage des meubles, ou tout ce qui implique une séquence d'activités pour arriver à un résultat. À la fin, vous pouvez aussi traduire l'activité sur du vrai papier en Scratch ou en Python pour obtenir cette pratique de programmation supplémentaire dont vous avez besoin.

Utiliser des cartes pour apprendre des algorithmes

Cet exercice nécessite deux joueurs. L'un jouera le rôle du codeur et l'autre celui du programme/ ordinateur. Nous allons avoir besoin d'un jeu de cartes pour établir un chemin sur le sol. Nous avons également besoin d'un jouet pour jouer le rôle du personnage du joueur, et de quelques autres jouets comme objectifs du jeu. Le joueur doit progresser dans le jeu en collectant toutes les récompenses placées le long du chemin. Aucune d'entre elles ne peut être ignorée.

Pour rendre le jeu amusant et enseigner les algorithmes de codage, un joueur sera chargé de prendre les commandes de l'autre. C'est exactement comme cela que les ordinateurs fonctionnent. Ils prennent les commandes du programmeur.

Le codeur donnera des instructions comme "Avancez de 3 espaces" ou "Tournez à gauche et avancez de 2 espaces". Plus le labyrinthe est complexe, plus les commandes seront complexes. En option, vous pouvez ajouter des obstacles sur le chemin, comme des bloqueurs de chemin ou des monstres à combattre. Utilisez votre créativité pour construire le jeu, puis utilisez votre logique pour donner des instructions dans un ordre correct.

Pratique des déclarations conditionnelles dans le Cour

Rassemblez votre famille et vos amis et allez dehors ! C'est le moment d'un jeu où nous avons un programmeur et plusieurs ordinateurs. Le jeu se déroulera en plusieurs manches afin que chacun ait la possibilité de donner des ordres.

Le programmeur se tiendra devant les ordinateurs et leur donnera des instructions en utilisant des blocs "si/alors" comme ceux que nous avons utilisés en Python ou en Scratch. Par exemple, le programmeur peut dire : "Si je lève mon bras gauche, tournez-le de 180 degrés".

Ce jeu peut être adapté à plusieurs niveaux de difficulté. Si les enfants sont jeunes, le jeu pourrait être axé uniquement sur les commandes "si je fais ceci, tu fais aussi ceci". Le niveau suivant pourrait être "si je fais ceci, alors tu fais autre chose". Si les enfants ont déjà quelques années d'études primaires, le jeu pourrait comporter des conditions plus complexes comme "si je fais ceci, alors tu fais cela, sinon tu fais cela". Cela simulerait l'un des blocs conditionnels les plus souvent utilisés, à savoir le bloc "si/autre".

Enfin, vous pouvez rendre les choses vraiment difficiles en jouant contre un chronomètre et en éliminant les ordinateurs qui n'exécutent pas la commande. Le dernier ordinateur est celui qui n'a pas de bogue et il gagne !

Chapitre 3 : Apprendre, programme,

Répéter

Les programmeurs n'ont jamais fini d'apprendre. Il y a toujours une nouvelle mise à jour de Python, une nouvelle bibliothèque, un nouveau programme, un nouveau langage, ou même un ancien langage qui revient de sa tombe. Les programmeurs sont condamnés à apprendre au fur et à mesure que la technologie progresse et que de plus en plus d'options deviennent disponibles. C'est à la fois une bonne et une mauvaise chose. D'une part, vous ne pourrez jamais dire que vous savez programmer dans toutes les langues, mais d'autre part, vous aurez

toujours quelque chose de nouveau et d'excitant à apprendre.
L'ennui est l'ennemi et vous devez toujours vous sentir

engagés dans la découverte de nouvelles choses et la création de nouveaux projets.

Donc, vous avez passé beaucoup de temps à Scratch, vous avez construit quelques projets, puis vous les avez recréés en Python, ou même développé quelque chose de nouveau. Vous avez même commencé à penser comme un ordinateur, en donnant à vos parents des instructions sur la façon de faire un sandwich dans le bon ordre. Qu'est-ce qu'il y a d'autre ?

Nous avons brièvement exploré JavaScript, Java et quelques autres langages au début, mais ils semblaient probablement trop déroutants à l'époque. Maintenant que vous avez un peu d'expérience, il est temps d'apprendre quelque chose de nouveau et d'excitant !

Rencontrez JavaScript

Comme mentionné dans le premier chapitre, JavaScript est un peu différent des langages comme Python, C# et Java. Son but principal est de créer des applications et des jeux qui s'exécutent à l'intérieur de pages web. Il peut également être utilisé avec

HTML et CSS pour créer des sites web modernes et intéressants. Ce langage a rendu le web beaucoup plus joli qu'il ne l'était au début des années 2000.

JavaScript fonctionne dans tous les navigateurs, car ils sont tous dotés d'un outil qui comprend la langue. Ce qui est encore mieux, c'est que vous pouvez partager votre travail avec vos amis beaucoup plus facilement. Comme tout se passe dans un navigateur, vous pouvez simplement envoyer un lien à vos amis pour leur montrer ce que vous avez fait.

Pour commencer

Pour commencer, vous aurez besoin de Google Chrome. Si vous ne l'utilisez pas encore comme navigateur, il vous suffit de suivre ce lien https://www.google.com/chrome/ et de le configurer. Chrome est fourni avec un ensemble d'outils de développement, mais nous ne sommes intéressés que par la console JavaScript. Lancez Chrome et tapez "about:blank" dans la barre d'adresse web. Appuyez sur la touche d'entrée et ouvrez la console en appuyant sur CTRL + MAJ + J. Voilà à quoi elle doit ressembler :

Essayez-le en tapant un code JavaScript, par exemple :

5 + 5 ;

JavaScript fonctionne de plusieurs façons, tout comme Python. La plupart des différences se trouvent dans la syntaxe. Par exemple, alors qu'en Python vous laissez un commentaire de code en tapant quelque chose après un hashtag, en JS vous remplacez le hashtag par deux barres obliques (//). Les points-virgules sont également utilisés pour marquer la fin d'une déclaration.

Une autre chose étrange dont JS a besoin, c'est d'un appareil dentaire bouclé. Ils sont nécessaires lorsque vous définissez un objet, une fonction, lorsque vous déclarez une déclaration de conditions ou une boucle. Voici comment tout cela fonctionne :

//Définition d'une variable

// Ceci est fait en utilisant le mot-clé

'var' var myObject = { nom : "Bob", âge :

12

}

Le corset bouclé peut être disposé de manière légèrement différente, selon votre préférence. Son emplacement n'a pas d'importance tant qu'elle contient l'information comme elle est censée le faire. Voici un exemple de fonction :

fonction killZombie (nom du zombie)

{

// le code va ici

}

Et voici à quoi ressemble la déclaration "if", suivie

d'une boucle "while" : if (true)

{

```
   // Alors faites-le
}
alors que (Vrai)
{
   //faites ceci
}
```

Maintenant, créons un objet "chien" pour vous donner une meilleure idée du fonctionnement de JS :

```
var myDog = {
   "jambes" : 4.
    "nom" : "Pazzuzzu",
 "couleur", "noir comme la nuit"
};
```

Comme nous l'avons déjà mentionné, dans JS, nous devons déclarer une variable en utilisant le mot-clé "var". En Python, cela se fait automatiquement en déclarant simplement "myDog" et en lui attribuant une valeur. Ensuite, remarquez que nous ajoutons des chaînes de caractères comme "name" auxquelles nous attribuons une valeur. Les guillemets sont toujours utilisés pour marquer les chaînes de caractères, tout comme en Python, en C# et dans de nombreux autres langages. Enfin, nous séparons ces attributs à l'aide de virgules, et lorsque cela est fait, nous fermons les accolades et terminons le bloc par un point-virgule.

Outre l'aspect légèrement différent du code, la plupart des mots-clés, commandes et fonctions JS sont les mêmes qu'en Python ou ont un équivalent similaire que vous pouvez trouver sur la page d'aide. C'est pourquoi si vous apprenez et maîtrisez un langage simple comme Python, vous apprendrez également 90% de la plupart des autres langages.

La fondation HTML

Mais le JavaScript ne suffit pas à lui seul. Vous vous souvenez que dans le premier chapitre, nous avons dit que le HTML est à la base de chaque page web ? Eh bien, utiliser la console du navigateur pour créer des fichiers JavaScript n'est pas une bonne idée parce que c'est vraiment limité. Il est préférable d'utiliser la console pour s'entraîner et pour voir les résultats rapidement. Elle fonctionne en quelque sorte comme le shell Python.

Pour faire quelque chose d'utile avec JavaScript, vous devez d'abord utiliser HTML pour créer une page web simple.

Pour écrire du code HTML, vous aurez besoin d'un éditeur de texte de base. Le bloc-notes est un bon choix, même s'il n'offre pas d'outils sophistiqués. Gardez juste à l'esprit de ne pas utiliser de traitement de texte car ils codent certains des symboles que vous tapez et le programme verra autre chose et non les commandes que vous avez tapées.

Si vous voulez quelque chose de mieux que le Bloc-notes, parce que, soyons francs, il ne fait rien d'autre que vous permettre d'écrire du texte et de l'enregistrer, vous pouvez télécharger et installer Notepad++ si vous êtes sous Windows, ou TextWrangler si vous êtes sur un Mac. Les deux programmes mettront en évidence votre code dans des couleurs différentes pour vous permettre de le lire plus facilement. Ils sont similaires à IDLE en ce qui concerne la coloration syntaxique et fonctionnent plus ou moins de la même manière.

Pour créer votre premier document, cliquez sur Nouveau fichier, enregistrez-le et tapez un code HTML comme vous l'avez appris dans le premier chapitre ; essayez quelque chose de simple comme ceci :

<h1> Bonjour le monde ! </h1>

<p> C'est ma première page sur le web !

Notez que lorsque vous exécutez le fichier, il sera lancé avec votre navigateur. Cela ne veut pas dire qu'il est en ligne comme un site web, il est juste hébergé localement sur votre ordinateur.

Le HTML fonctionne avec l'utilisation de balises qui marquent les différents éléments. Chaque élément commence par une balise et se termine par la balise correspondante. Ainsi, la première ligne étant une balise de titre 1 commence par <h1> et se termine par </h1>. La balise de fin est toujours la balise de début plus la barre oblique avant avant le nom. Les crochets sont toujours nécessaires pour marquer l'utilisation d'une balise. Le "<p>" que nous utilisons signifie paragraphe et indique au navigateur où en commencer un nouveau. Pour personnaliser le paragraphe, nous pouvons ajouter d'autres balises pour modifier certaines parties d'une phrase. Voici un exemple :

<h2> Je connais le HTML ! </h2>

<p> C'est ma page web <em>first</em> <strong> </strong></p>

Il s'agit de balises en ligne qui sont ajoutées à l'intérieur d'un élément pour en modifier certaines parties. Par exemple, la balise "em" mettra le "premier" mot en italique et le mot "page web" en gras. Mais ce ne sont que des morceaux de code HTML. Pour créer une page web complète, nous avons besoin de certains éléments qui sont obligatoires. En voici un exemple :

<!DOCTYPE html>

<html>

< tête>

```
<titre>Ma première page HTML correcte</titre>

</head>

<corps>

        <h1>Bonjour le monde ! < /h1>

        <p> C'est ma < em>first</em> <strong> page
web </strong></p>

        <p>Il y a un nouveau
<strong>< em>paragraph</em></strong>.< /p>

</corps>

</html>
```

La première ligne de code est juste une balise de document qui indique que nous avons affaire à un fichier HTML. La balise "html" est la première que nous déclarons effectivement et elle est obligatoire. Elle doit également être la dernière balise de fermeture du document. À l'intérieur de cette balise, nous déclarons une tête et un corps. Dans la section "head", nous allons décrire certains aspects du document, comme son titre qui apparaîtra dans l'onglet du navigateur. Cela peut être fait en utilisant une balise <title> </title>. L'élément body est alors créé. C'est là que nous ajoutons tout le contenu. Toutes ces balises doivent également être fermées dans le même ordre que celui dans lequel nous les avons ouvertes, comme vous pouvez le voir dans notre exemple.

Maintenant, enregistrez le fichier et apprenez à l'intégrer
JavaScript en HTML

Intégrer JavaScript

Modifions notre fichier HTML en ajoutant le bloc de code suivant à l'intérieur du corps :

```
<corps>

 <h1> Hi World!< /h1>

 <p> J'ai fait ma première page web ! </p>

  <script>

        var myMessage = "Hello World ! " ;

console.log (monMessage) ;

 </script>
```

Nous avons introduit l'élément spécial "script". Celui-ci marque toutes les lignes entre les balises de script comme du code JavaScript et donc l'interprète JS sera chargé de l'exécuter. Ce processus est un peu différent de l'exécution du même code dans la console. La console fonctionne comme le shell IDLE et exécute chaque ligne de code dès que vous la tapez. En ajoutant le code dans une page web réelle, JS fonctionnera de haut en bas, comme tout autre programme que vous avez créé jusqu'à présent.

Dans notre exemple, nous créons simplement une variable qui contient un message et nous l'imprimons. Cela vous semble familier ? Bien sûr que oui ! C'est comme Scratch (say) ou Python (print), sauf qu'en JavaScript, nous l'appelons plutôt "console.log". Mais ça fonctionne quand même. Il imprime le contenu de la variable à l'écran.

Maintenant que vous avez une idée des bases du HTML et du JavaScript, nous pouvons utiliser toutes les connaissances que nous avons acquises sur la programmation et créer un jeu simple !

Projet 3 : Pendu avec JavaScript

Comme d'habitude, nous allons d'abord commencer par la conception. Le Pendu est un vieux jeu où le joueur doit deviner le mot. Quelqu'un choisit un mot qui reste secret et l'autre essaie de le deviner en essayant une lettre à la fois. Lorsque le joueur devine une lettre, celle-ci est ajoutée à la partie vide du monde. Si la lettre n'existe pas, alors un point est perdu et le bourreau gagne un membre. Lorsque le bourreau est complètement tiré et que le mot est encore inconnu, le joueur perd la partie.

Nous allons créer une version plus simple du jeu sans dessin. Bien que nous vous encouragions à essayer également en utilisant Scratch ! Dans notre version, l'ordinateur choisira le mot secret, et le joueur essaiera de deviner les lettres pour gagner le jeu.

Le premier problème que nous devons résoudre est le fait que le joueur n'est pas invité à utiliser et à entrer ses suppositions. Nous allons donc en créer un. Ouvrez un nouveau fichier HTML, enregistrez-le sous le nom "Prompt" et tapez ce code à l'intérieur des balises de script :

```
var name = prompt ("Votre nom est...") ;

console.log ("Salut" + nom) ;
```

Une boîte de dialogue s'ouvre alors, dans laquelle on vous demande votre nom et vous pouvez le taper.

Dans cette optique, nous devons considérer les aspects suivants du jeu :

1. L'ordinateur doit choisir un mot secret au hasard.
2. L'ordinateur doit accepter les suppositions du joueur.
3. Le joueur doit avoir la possibilité de quitter le jeu à tout moment.
4. Le programme vérifiera si le joueur a deviné une lettre correcte.
5. Toutes les lettres doivent être suivies.
6. Le joueur doit voir leurs progrès.
7. Le jeu se termine lorsque le mot est correctement deviné.

Maintenant, continuons à réfléchir à l'utilisation d'un pseudo-code pratique ! Voici notre programme en bref :

```
Sélectionnez un mot au hasard

Bien que vous n'ayez pas deviné le mot {

 Montrer les progrès du joueur

 Enregistrer une supposition du joueur

 si le joueur veut arrêter de jouer {

  quitter le jeu

        }

         Autre Si la supposition comporte plus d'une

lettre {              le joueur doit choisir une lettre

        }

      Autre {

  Si la supposition fait partie du mot {

   Mise à jour des progrès

        }

        }

}
```

Imprimez un message pour féliciter le joueur d'avoir gagné le jeu.

Maintenant que nous avons la structure de base du jeu, nous pouvons commencer à écrire du code !

Commençons par créer le système qui sélectionnera un mot aléatoire qui sera gardé secret pour le joueur. Voici comment nous pouvons y parvenir :

var randomWords = ["awesome", "creature", "syrup", "control"] ;

mot var = mots aléatoires [étage mathématique (mots aléatoires () * longueur des mots aléatoires)] ;

Dans la première ligne, nous créons une liste de mots disponibles dans laquelle l'ordinateur sélectionne un mot. La liste est alors stockée dans une variable que nous pouvons appeler par la suite. Sur la deuxième ligne, nous utilisons deux fonctions, Math.random et Math.floor, pour sélectionner un mot aléatoire.

Pour l'étape suivante, nous avons besoin d'une autre liste contenant les cases vides où les lettres devinées iront. Pour ce faire, nous allons créer une liste de caractères de soulignement. D'ailleurs, en JavaScript, les listes sont appelées "tableaux". Voyons maintenant le code : var answers = [] ; for (var i = 0 ; i < word.length ; i++) {

Réponses [i] = "_".

}

var leftoverLetters = word.length ;

Nous avons ici une boucle "for" qui crée une variable appelée "i". Cette variable continuera à boucler à partir de 0, jusqu'à ce qu'elle atteigne la longueur du mot. À chaque boucle, un autre élément est ajouté à la liste. Lorsque la boucle cesse d'être exécutée, la liste aura la même longueur que le mot généré aléatoirement. Ainsi, si l'ordinateur sélectionne le mot "sirop", la variable réponses aura une liste de cinq éléments soulignés. Dans la dernière ligne de code, nous avons une nouvelle variable qui aura la même longueur que le mot. Le but de cette variable est d'enregistrer les lettres qui sont encore disponibles pour que le joueur puisse les deviner. La valeur à l'intérieur de la variable est réduite de 1, chaque fois qu'une nouvelle lettre est sélectionnée.

Le prochain problème à résoudre est l'affichage des progrès réalisés par le joueur. La méthode la plus simple serait une fenêtre d'alerte. Pour en créer une, nous devons utiliser la fonction "alerte" comme ceci : alerte (answers.join (" ")) ;

Lorsque le joueur devine quelques lettres, la fenêtre de dialogue d'alerte ressemblera à ceci :

s_ru

Ensuite, programmons l'entrée du joueur. N'oubliez pas que le joueur doit être capable de ne deviner qu'une seule lettre à la fois.

```
var playerGuess = invite ("Choisissez une lettre,

ou appuyez sur le bouton Annuler pour quitter le

jeu") ; si (playerGuess === null) {

    pause ;

}

else if (playerGuess.length ! == 1) {     alert ("Vous

ne pouvez entrer qu'un seul caractère !") ;

} autre {

 // mettre à jour le jeu en fonction de la supposition
du joueur

}
```

Dans la première ligne de code, nous précisons que nous voulons un prompt qui accepte la supposition du joueur et qui stocke ensuite cette information dans une variable. Plusieurs choses peuvent se produire ici. Si le joueur appuie sur le bouton d'annulation, le programme s'arrête et nous quittons donc la boucle. Les deux autres possibilités sont que le joueur tape plusieurs lettres ou aucune. S'il appuie sur le bouton OK sans taper de lettre, la chaîne sera affichée vide car la longueur de la devinette est égale à 0. S'il essaie d'en ajouter d'autres, la valeur de la longueur sera supérieure à 1.

Nous nous assurons dans la ligne suivante de vérifier ces situations avec un si conditionnel. Si le joueur tente de faire autre chose que de taper une lettre, le jeu lui donne un avertissement, lui demandant de deviner en utilisant un seul caractère.

Enfin, nous vérifions l'utilisation correcte d'un personnage. Dans ce cas, la valeur de la devinette est stockée et le jeu se met à jour. C'est là que nous devons programmer la façon dont la mise à jour se fait réellement. Pour mettre à jour la variable de la liste des réponses, nous insérons ce bloc de code à l'intérieur du bloc "else" :

```
for (var x = 0 : x < word.length ; x++) {
 if (word [x] === playerGuess) {
 réponses [x] = playerGuess ;
        les lettres restantes.. ;
      }
{
```

À la première ligne, nous déclarons une boucle dans laquelle nous ajoutons une variable "x" pour nos calculs. Son but est de compter de 0 à la longueur du mot. La raison pour laquelle nous utilisons x ici est que nous avons déjà utilisé i pour faire une chose similaire. Sur la deuxième ligne, nous utilisons une déclaration "si" conditionnelle pour voir si la lettre est la même que celle que le joueur a devinée. Si c'est le cas, la liste des "réponses" sera mise à jour. La liste sera mise à jour chaque fois que le joueur aura deviné correctement.

Enfin, à chaque supposition, nous réduisons le nombre de suppositions possibles de 1.

Lorsque le joueur gagne le jeu, une nouvelle fenêtre d'alerte est créée pour le féliciter et afficher le mot correctement deviné :

alerte (réponses.jointe (" ")) ;

("Félicitations ! Vous avez deviné correctement. Le mot gagnant est " + mot") ;

Rendre le jeu plus stimulant

Même si HTML et JavaScript sont encore frais, vous en savez assez pour ajouter des éléments à ce jeu. Voici quelques éléments que vous devriez essayer par vous-même :

1. Insérez d'autres mots dans la liste de mots choisis au hasard. Quatre mots disponibles ne suffisent pas pour un vrai jeu de pendu.
2. Pour l'instant, nous n'avons que des mots avec des minuscules. En fait, il s'agit davantage d'un

problème de logique que d'une éventuelle fonctionnalité de jeu futur avec ajout de majuscules, car si le joueur devine correctement une lettre mais qu'il la tape en utilisant des majuscules, le programme détectera le choix comme une entrée erronée. Essayez de résoudre ce problème ! Une façon de le faire est d'utiliser la fonction "toLowerCase" et de forcer la saisie à être convertie en chaînes de caractères minuscules.

3. Ajoutez une limite au nombre de devinettes qu'un joueur peut essayer. Il n'y a pas de danger si le joueur peut deviner à l'infini. Finalement, il peut essayer tout l'alphabet jusqu'à ce qu'il trouve le mot juste.

Au secours ! Je suis coincé !

Ne vous inquiétez pas ! Tous les programmeurs finissent par être bloqués.
N'oubliez pas que le codage consiste à résoudre des problèmes. Que vous essayiez de résoudre réellement un problème, comme un problème mathématique, ou que vous créiez un jeu, vous devrez trouver des solutions. C'est la beauté du codage, et rien n'est plus satisfaisant que de trouver la bonne réponse à votre problème. Quelle que soit votre frustration, quelque

part dans votre tête, dans ce livre ou en ligne, il y a une solution à votre problème. Faites preuve de patience, demandez de l'aide et continuez à apprendre.

Mais que faire si, quoi que vous fassiez, vous ne trouvez pas la solution ? Oui, cela peut aussi arriver. Cependant, c'est généralement le signe d'un problème à l'intérieur de votre code déjà existant. Parfois, nous n'écrivons pas le code parfait, même si l'idée est bonne. Dans d'autres cas, l'idée n'est pas si bonne. Dans les deux cas, nous devons faire quelques pas en arrière et revenir à la case départ.

Toutes les idées et solutions ne sont pas bonnes. Il y a des moments où elles semblent bonnes, mais une fois que nous avons progressé, nous nous heurtons à un obstacle. Si vous ne trouvez pas la solution, revérifiez votre code. Trouvez d'autres moyens de l'optimiser ou de contourner le problème. Réécrivez un code et voyez ce qui se passe.

Écrire un code, c'est comme écrire un livre. Vous n'obtenez pas le projet parfait dès le premier essai. Et si vous n'y parvenez toujours pas, il est peut-être temps de faire une pause et de prendre une bouffée d'air frais. Sortez, faites le vide dans votre tête et détendez-vous, car l'écriture de codes est parfois stressante. Si vous vous concentrez trop sur le problème, vous risquez de ne pas voir l'évidence qui vous regarde. Faites donc une pause. Laissez votre programme tranquille, même pendant quelques jours, pour vous vider complètement la tête. Ainsi, lorsque vous y reviendrez, vous aurez de nouvelles idées. Assurez-vous simplement de laisser des commentaires sur le code comme nous en avons parlé plus tôt, sinon vous n'aurez pas beaucoup de plaisir à décoder votre programme.

Enfin, vous devriez rejoindre une communauté de collègues programmeurs !

Rejoindre une communauté en ligne

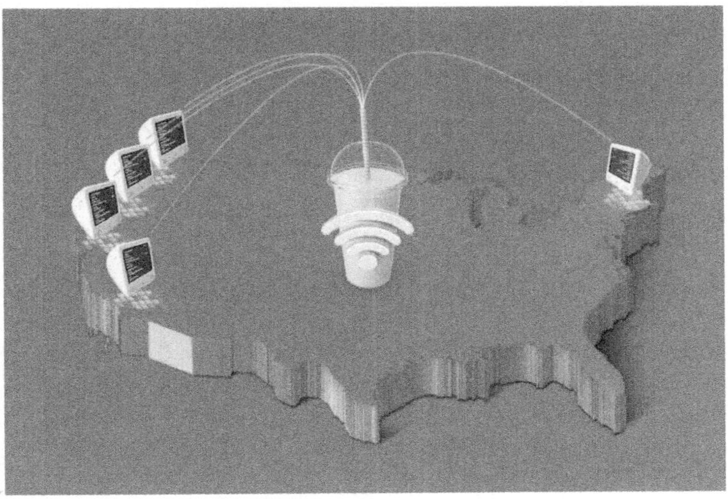

Le codage est toujours beaucoup plus amusant lorsque vous le faites avec quelqu'un d'autre. Apprendre seul peut être difficile, non seulement à cause de bogues problématiques, mais aussi parce que vous n'avez pas quelqu'un d'autre avec des idées et des approches différentes d'un problème. C'est là qu'interviennent les communautés en ligne.

Il y a des centaines de milliers de codeurs, tout comme vous. Vous pouvez choisir parmi des dizaines de grandes communautés en ligne en fonction du langage de programmation qui vous intéresse. Mais ces communautés ne sont pas seulement là pour répondre à vos questions ou pour résoudre vos problèmes. Elles vous offrent la possibilité de rejoindre une équipe et de vous sentir comme un véritable développeur. Dans de nombreuses communautés, vous trouverez des projets ouverts sur lesquels plusieurs codeurs et artistes se donnent la main pour créer quelque chose de cool. Tu peux les rejoindre dès que tu en saisis les bases ! Ne soyez pas timide, car la programmation est une question de travail d'équipe.

Voici quelques-unes des communautés populaires auxquelles vous pouvez vous joindre :

1. Grattez : Rendez-vous sur https://scratch.mit.edu/studios/215184/ et vous y trouverez de multiples communautés et projets en ligne. Vous pouvez essayer des jeux réalisés par d'autres et vérifier leur code source. Vous pouvez utiliser ces projets pour vous inspirer des vôtres lorsque vous êtes bloqué ou à court d'idées. Vous pouvez aussi aider d'autres

programmeurs en jouant à leurs jeux et en signalant les bugs ou en proposant de meilleures solutions.

2. Python : Si vous aimez Python, alors vous devez rejoindre la communauté officielle qui se trouve sur la page d'accueil. C'est là que vous trouverez de nombreux conseils généraux pour apprendre à programmer en Python et sur divers concepts généraux de programmation. Certaines choses sont plus difficiles à apprendre avec Python. C'est l'endroit où poser vos questions : https://www.python.org/community/.
3. PySlacker : Une autre communauté orientée Python qui contient beaucoup de matériel d'apprentissage gratuit. En bonus, ils utilisent un canal public sur Slack pour communiquer en temps réel et coopérer sur des projets. Rejoignez-les à l'adresse https://pyslackers.com/web.
4. StackOverflow : Le grand papa de toutes les communautés. Stack Overflow est bien connu de tous les codeurs, qu'ils soient fans de Scratch, informaticiens, magiciens du développement de jeux en C++ ou passionnés de Python. C'est l'endroit où poser toutes vos questions, qu'elles soient liées au HTML, au C#, au JavaScript ou à Python. Rendez-vous sur https://stackoverflow.com/ et préparez-vous à apprendre des experts !

Il existe de nombreuses autres communautés auxquelles vous pouvez vous joindre, mais avant de le faire, vous devriez vous assurer que vos parents les vérifient et les approuvent. Certaines communautés peuvent ne pas être très accueillantes pour les débutants complets et vous ne voulez certainement pas de personnes négatives autour de vous lorsque vous essayez d'apprendre.

Conclusion

Félicitations ! Vous êtes un programmeur ! Oui, tu es digne de ce titre car tu as persisté jusqu'au bout, tu as travaillé sur plusieurs projets avec patience et surtout, tu as appris à écrire du code. N'oubliez pas qu'il n'est pas nécessaire d'avoir un talent particulier pour devenir un bon programmeur. Certains diront qu'il faut être un magicien des mathématiques, d'autres diront qu'il faut être bon pour résoudre des énigmes. Balivernes ! Tout ce dont vous avez besoin, c'est de la pratique. Lorsque vous n'êtes pas assez bon pour résoudre un problème, il vous suffit de prendre du recul, d'élargir vos connaissances et de revenir plus tard.

Le but de ce livre était de vous apprendre la magie de la programmation informatique. Vous devriez maintenant avoir acquis suffisamment de savoir-faire dans au moins deux langues pour commencer à travailler sur vos propres projets. Il vous reste encore beaucoup à apprendre, car un livre ne peut pas durer longtemps avant de se libérer de son propre poids, alors allez-y, faites des expériences et trouvez une communauté de jeunes programmeurs partageant les mêmes idées.

Si vous n'êtes toujours pas sûr de vos capacités, rappelons ce que vous venez d'apprendre :

1. Vous avez exploré la programmation dans toute sa gloire. Vous ne saviez probablement pas

grand chose quand vous avez commencé, mais grâce au chapitre 1, vous avez exploré ce que signifie être un codeur. Vous avez appris comment fonctionnent les principaux langages de programmation et comment créer des projets à l'aide d'un éditeur de code.

2. Vous avez appris les bases de tous les langages de programmation. Vous en savez assez pour créer des applications et des jeux amusants en Scratch, Python, et plus encore ! De plus, vous pouvez utiliser tout ce que vous avez appris jusqu'à présent pour commencer à explorer d'autres langages par vous-même. N'oubliez pas que les règles de la programmation s'appliquent à tous les langages !
3. Vous avez créé quelques jeux amusants que vous pouvez partager avec vos amis, ou que vous pouvez développer pour les rendre plus longs et plus stimulants. Vous disposez de tous les éléments de base nécessaires pour créer un jeu complet de bout en bout. Vous avez appris le processus de création d'un programme en Scratch, ainsi qu'en Python et JavaScript. Il ne vous reste plus qu'à trouver des coéquipiers avec qui partager vos connaissances et travailler ensemble sur quelque chose de génial !

Surtout, vous avez appris à être patient et à penser comme un ordinateur, dans un ordre logique.

N'oubliez pas que vous ne pouvez pas apprendre un langage de programmation du jour au lendemain. Il faut être déterminé et s'entraîner tous les jours. Créez de nouveaux projets. Faites d'autres recherches. Rejoignez des projets communautaires. C'est la seule façon d'apprendre vraiment à devenir un programmeur. Vous avez déjà fait la plupart de ce travail. Alors continuez à faire ce que vous faites, et un jour, vous commencerez à rêver en code !

Références

Images provenant de Pixabay.

(n.d.). Récupéré sur https://devdocs.io/javascript/

Documentation et guides - Apprendre à partir de zéro. (n.d.). Récupéré sur https://sites.google.com/site/learnfromscratch/ documentation-and-guides

JavaScript. (n.d.). Récupéré sur https://developer.mozilla.org/enUS/docs/Web/JavaScript

Documentation Python 3.8.5. (n.d.). Récupéré sur https://docs.python.org/3/

Shaffer, D. W. (2008). Comment les jeux informatiques aident les enfants à apprendre. New York : Palgrave Macmillan.

Printed by Amazon Italia Logistica S.r.l.
Torrazza Piemonte (TO), Italy

32554234R00071